«Es steht mir nicht zu, Sie zu belehren oder Ihnen zu sagen, was Sie zu glauben oder welchen spirituellen Weg Sie einzuschlagen haben – oder ob Sie sich überhaupt auf spirituelle Pfade begeben sollten. Das Wichtigste für mich ist, dass Sie sich nicht die grenzenlosen Vorzüge entgehen lassen, die Meditation zu bieten hat. Ich möchte, dass Sie die Ruhe und Klarheit, Verbundenheit und Befreiung erleben, die unser aller Geburtsrecht sind – die Anleitungen und Techniken vorausgesetzt, die für jeden von uns die richtigen sind. Bei meinem Wunsch, mit so vielen Menschen wie möglich den Nutzen der Meditation zu teilen, beflügelte mich der Gedanke, eine Meditationsform anzubieten, die jeder anwenden kann. Mind Calm ist so ein ‹barrierefreier› Meditationsstil, der sich aus dem speist, was ich in Tausenden Stunden Meditation gelernt habe, und mit dessen Hilfe wirklich jeder von geistigem Chaos zu geistiger Ruhe gelangen kann. Ich habe Ruhe und Zufriedenheit für mein Leben gefunden und weiß, wenn ich das kann, ist es auch Ihnen möglich.»

Sandy Newbigging ist Autor diverser Bücher zum Thema Meditation und Heilung und hat als Entwickler der Mind-Detox-Therapie und der Mind-Calm-Meditation zahlreiche Preise erhalten. Sein Ziel ist es, inneren Frieden für jeden zugänglich und erreichbar zu machen, indem er uralte Weisheiten für unsere moderne Welt anpasst. Er schreibt außerdem Kolumnen für diverse Magazine.

Sandy C. Newbigging

DIE MIND-CALM-METHODE

In 10 Tagen zur Ruhe im Kopf

Aus dem Englischen von
Barbara Imgrund

Rowohlt Taschenbuch Verlag

Die englische Originalausgabe erschien 2014
unter dem Titel «Mind Calm. The Modern-Day Meditation Technique that
Gives You ‹Peace with Mind›» bei Hay House UK, Ltd., London.

Deutsche Erstausgabe
Veröffentlicht im Rowohlt Taschenbuch Verlag,
Reinbek bei Hamburg, September 2015
Copyright der deutschsprachigen Ausgabe
© 2015 by Rowohlt Verlag GmbH, Reinbek bei Hamburg
«Mind Calm. The Modern-Day Meditation
Technique that Gives You ‹Peace with Mind›»
Copyright © 2014 by Sandy Newbigging
Redaktion Bernd Jost
Umschlaggestaltung ZERO Werbeagentur, München
Umschlagabbildung Torge Niemann
Satz aus der Mercury Text G1, PageOne,
bei Dörlemann Satz, Lemförde
Druck und Bindung CPI books GmbH, Leck, Germany
ISBN 978 3 499 63066 8

Den Lehrern aller Traditionen gewidmet,
die die universelle Botschaft verkündet haben:

«Sei still und wisse, wer du bist.»

INHALT

GELEITWORT
VON ROBERT HOLDEN, PH. D.

Kennen Sie den Monty-Python-Sketch «100-Metre Dash for People with No Sense of Direction» (100-Meter-Sprint für orientierungslose Leute)? Stellen Sie sich Folgendes vor: John Cleese, Michael Palin, Eric Idle und der Rest der angetretenen Läufer stehen an der Startlinie. Ungeduldig und aufgeregt warten sie auf den Startschuss. Endlich beginnt das Rennen, und jeder stürmt in einer anderen Richtung davon – was bedeutet, dass keiner die Ziellinie erreicht, wie schnell er auch laufen mag. Dieser Sketch ist die perfekte Metapher für unsere hektische Welt, unser fieberhaftes Leben und die chronische Geschäftigkeit, die uns immer wieder in die Knie zwingen und uns das Gefühl geben, dass es doch auch besser gehen muss.

Woher kommt dieser Druck, so schnell zu leben, so geschäftig und so fieberhaft zu sein? Von der Gesellschaft? Von unserer Erziehung? Den Medien? Sandy Newbigging offenbart die äußeren Quellen dieses Drucks, doch er ermuntert uns auch, vor der eigenen Haustür zu kehren. In diesem Buch zeigt er, wie wir uns von unseren selbstgemachten Zwängen befreien können, die uns um unser Leben rennen lassen. Sandy hilft uns, das Leiden unter unserer eigenen Psyche zu beenden. Er hilft uns, zum Herrn über unsere Gedanken zu werden und nicht zu ihrem Opfer. Er bietet uns die Befreiung von Angst, Verurteilung und Anhaftungen.

In meiner Arbeit als Coach sehe ich immer wieder, *dass die meisten Menschen nicht mehr Therapie, sondern mehr Klarheit brauchen.* Sandy ist derselben Meinung. Er hilft uns über jeden «Reparaturansatz» hinaus, eine gesunde Beziehung zu unserem Mind aufzubauen. Dies ist sein Ansatz: *Frieden mit dem Mind schließen.* Sandy coacht uns dabei, wie wir uns mit unserem eigenen Mind anfreunden können, und er tut dies meisterlich. Schritt um Schritt zeigt er uns, wie wir aufhören können, sozusagen unter unserer eigenen Psychologie zu leiden, um eine Achtsamkeit zu kultivieren, die den Übergang *vom Glücklichwerden zum Glücklichsein* schafft.

Ich möchte Sie dazu ermutigen, dieses Buch mit einem offenen Geist zu lesen. Lesen Sie es langsam. Hetzen Sie nicht durch bis zum Ende. Was Sie suchen, finden Sie auf jeder Seite, nicht nur auf der letzten. Genießen Sie die Reise. Sandy hat dieses Buch mit zahlreichen Erkenntnissen, Offenbarungen und Übungen gespickt, die wirklich einleuchtend und hilfreich sind. Vertrauen Sie sich dem Programm an, das Sandy für Sie ins Leben gerufen hat, und – wie er sagt – *lassen Sie sich von der liebenden Hand des Universums leiten.* Dieses Buch ist eine Quelle der Inspiration, und ich möchte es Ihnen von ganzem Herzen empfehlen.

Vorwort

STURM VOR DER RUHE

Wendepunkte stellen sich oft ein, wenn man sie am wenigsten erwartet. Bei mir war das jedenfalls so. Es hätte nicht besser sein können. Der Laden brummte. Ich trat in 30 Ländern rund um den Globus im Fernsehen auf. Meine Kurse und Einzelberatungen waren ausgebucht. Ich veranstaltete Retreats in phantastischen Ferienanlagen. Ich veröffentlichte Bücher in Publikumsverlagen, war in Zeitungen, Magazinen und auch im Radio vertreten. Ich hatte eine wunderbare Freundin, wir lebten in einem exklusiven Viertel von Edinburgh, fuhren Luxusschlitten und hatten mehr Geld, als ich es für möglich gehalten hätte. Theoretisch führte ich das, was viele für ein erfolgreiches Leben halten würden. Und dann, eines Tages, wachte ich mit einer echt erschreckenden Erkenntnis auf: Obwohl nach außen hin alles rund lief, sah es innen ganz anders aus.

Bis zum Anschlag gestresst, fand ich nicht eine Sekunde lang Frieden. Ich schwankte an den meisten Tagen zwischen Frust und Angst. Frust, weil ich noch nicht wirklich am «Ziel» war, und als ich schließlich dort war, wo ich hinzuwollen glaubte, bekam ich rasch Angst, dass ich verlieren könnte, was ich eben so mühevoll erreicht hatte. Ich konnte mich in einem Raum voller Menschen einsam fühlen, und nichts nahm dem allgegenwärtigen Gedanken den Stachel, dass es doch noch mehr im Leben geben musste als das. Es fiel mir schwer zu schlafen, weil die Rädchen in meinem Kopf immer weiterratterten. Ich hatte mit fortwährender Müdigkeit zu kämpfen und war öfter krank, als ich es zugeben wollte, vor allem damals, als ich im Bereich «Gesund durch Entgiftung» arbeitete. Kurz und gut, ich hatte das Gefühl, ein Versager und Schwindler zu sein und himmelweit entfernt von dem friedvollen, glücklichen Ich, nach dem ich mich so sehr sehnte.

Verwirrt, aber neugierig

Ungefähr zu dieser Zeit empfahl mir eine Freundin, es doch einmal mit Meditation zu versuchen. Ich erinnere mich daran, dass ich höflich abwinkte und sagte, ich könne nicht meditieren. Worauf sie fragte: «Woher weißt du, dass du nicht meditieren kannst?» Zuerst suchte ich verblüfft nach Worten, denn vor dem Rat meiner Freundin hatte mir stets jeder darin zugestimmt, dass Meditation schwierig sei. An diesem Tag nannte ich schließlich nach einigem Nachdenken als Hauptgrund, warum ich nicht meditieren könne: «Ich bringe meinen Mind nicht zum Schweigen.»

Meine Zufriedenheit mit dieser Antwort war nur von kurzer Dauer – ich wurde sofort wieder konfus, als meine Freundin freudig erklärte: «Ach, du brauchst deinen Mind doch nicht zum Schweigen zu bringen, um Frieden in der Meditation zu finden.» Um ehrlich zu sein: Das klang lächerlich. Alles, was ich bis dahin über Meditation gelesen und gehört hatte, war stets darauf hinausgelaufen, dass ein «ruhiger Geist» die Hauptvoraussetzung für innere Ruhe sei. Diese Freundin aber behauptete das Gegenteil. War es wirklich möglich, dass die Rädchen in meinem Kopf weiterratterten und ich trotzdem voller Frieden sein konnte? Verwirrt, aber neugierig wurde mir klar, dass all meine Versuche, meinen Mind zum Schweigen zu bringen, fehlgeschlagen waren; deshalb erklärte ich mich bereit, Meditieren zu lernen.

Monatelang meditieren mit Mönchen

Bald nachdem ich Meditieren gelernt hatte, begann ich zu erkennen, dass ich ein überraschend hohes Maß an Gelassenheit entwickelte. Solchermaßen gerüstet, zog ich mich zu einem zehnwöchigen Retreat auf die griechische Insel Patmos zurück, wo mich Mönche unterwiesen, und anschließend 14 weitere Wochen in die mexikanischen Berge (seither gehe ich immer wieder monatelang in Klausur). Während dieser Retreats hatte ich Gelegenheit, Tag und Nacht zu meditieren, manchmal bis zu 18 Stunden täglich, wobei ich stets großartige Lehrer an meiner Seite hatte. Wie Sie sich vorstellen können, hinterlässt es Spuren, wenn man sich kopfüber in derlei intensive Meditationsphasen stürzt, und es bringt innere wie äußere Veränderungen mit sich, die positiv und tiefgreifend sind.

Nach meiner Ausbildung zum Meditationslehrer fing ich sofort an, mein Wissen mit jedermann zu teilen, der Interesse daran zeigte. Da ich herausgefunden hatte, dass innere Ruhe zu erlangen leichter war als gedacht, wollte ich, dass auch jeder andere die Ruhe und Zufriedenheit erleben konnte, zu der man durch Meditation gelangen kann.

Erlaubt ist, was gefällt

Obwohl Meditation an sich keine Religionsform ist, sind doch viele Techniken uralter Herkunft, und manche Empfehlungen und Rituale könnten von außen betrachtet als religiöse Praktiken missverstanden werden. Menschen, die nichts für Religion übrighaben, könnten Meditation im Allgemeinen daher uninteressant finden.

Ich glaube fest an den Satz: «Jeder muss nach
seiner Fasson selig werden.»

Es steht mir nicht zu, Sie zu belehren oder Ihnen zu sagen, was Sie zu glauben oder welchen spirituellen Weg Sie einzuschlagen haben – oder ob Sie sich überhaupt auf spirituelle Pfade begeben sollten. Das Wichtigste für mich ist, dass Sie sich nicht die grenzenlosen Vorzüge entgehen lassen, die Meditation zu bieten hat. Ich möchte, dass Sie die Ruhe und Klarheit, Verbundenheit und Befreiung erleben, die unser aller Geburtsrecht sind – die Anleitung und Techniken vorausgesetzt, die für jeden von uns die richtigen sind.

Bei meinem Wunsch, mit so vielen Menschen wie möglich den Nutzen der Meditation zu teilen, beflügelte mich der Gedanke, eine Meditationsform anzubieten, die jeder anwenden kann. Mind Calm ist so ein «barrierefreier» Meditationsstil, der sich aus dem speist, was ich in Tausenden Stunden Meditation gelernt habe, und mit dessen Hilfe wirklich jeder von geistigem Chaos zu geistiger Ruhe gelangen kann.

Ich habe Ruhe und Zufriedenheit für mein Leben gefunden und weiß, wenn ich das kann, ist es auch Ihnen möglich. Mind Calm ist eine moderne Meditationstechnik, die Ihnen dabei helfen kann, nach Belieben Ihren Mind zum Schweigen zu bringen und Frieden mit Ihrem Mind, so, wie er gerade ist, zu schließen. Sie werden entdecken, dass der Frieden, den Sie mit Ihrem Mind schließen, gleichbedeutend mit dem Frieden ist, den Sie mit dem Leben schließen – was nicht nur eine sehr erfreuliche Art zu leben ist, sondern auch das Geheimnis eines wirklich erfolgreichen Lebens.

Sandy C. Newbigging
Dezember 2013

Sei still.

Einführung

DIE STILLE LÖSUNG

Woher wissen Sie, dass Sie einen Mind haben? Sie sind sich seiner bewusst, richtig? Logischerweise existiert also irgendwo in Ihnen ein Mind und etwas, das sich seiner bewusst ist. Dieses Buch möchte Sie dazu bringen, sich viel mehr für das achtsame Bewusstsein, das sich Ihres Minds bewusst ist, zu interessieren und darauf zu achten, anstatt sich allzu sehr darum zu bemühen, ihn zu reparieren, zu verändern, zu verwalten, zu manipulieren oder zu verbessern. Mind Calm wird Ihre Beziehung zu sich selbst revolutionieren – was durchaus darüber entscheiden kann, ob Sie ein höllisches Leben voller Stress, Kampf und Leiden oder schon jetzt den Himmel auf Erden haben werden.

Bewusste Achtsamkeit ist eine ruhige, stille, weiträumige, friedvolle Präsenz und nichts Jenseitiges, sondern so real, wie Sie es sich nur vorstellen können. Bewusstsein ist der ruhige Rahmen für jeden Gedanken, jedes Gefühl, jede Handlung und jede Tatsache in Ihrem Leben – egal, ob positiv oder negativ. Das achtsame Bewusstsein, das in Ihnen gegenwärtig ist, zu kennen und unmittelbar zu erfahren ist die stille Lösung für jede erdenkliche Stresssituation, mit der Sie konfrontiert sein könnten, und das Geheimnis, wie sich ein wirklich erfolgreiches Leben frei von Angst, Problemen und Beschränkungen führen lässt.

Voller Potenzial, Kreativität, Glück und Gnade
kann das achtsame, Ihnen innewohnende Bewusstsein
Ihnen die innigste denkbare Liebesbeziehung
ermöglichen – nämlich das Einssein
mit sich selbst.

Im Gegensatz zu dem, was man Ihnen zu denken und zu glauben beigebracht hat, werden Sie entdecken, dass Frieden mit Ihrem Leben zu schließen der Schlüssel zu einer wahrhaft erfolgserfüllten Existenz ist. Wenn Sie Ihr inneres Reservoir der Ruhe wiederentdecken, wird das garantiert Ihre Beziehung zu Ihren Gedanken und Emotionen, zu Ihrem Körper und Leben von Grund auf wandeln. Dann müssen Sie sich nicht länger damit abmühen, an Mind, Emotionen und äußeren Umständen herumzubessern – denn Sie schließen Frieden mit der Person, die Sie sind, und Ihrem Leben, wie es ist.

Was, wenn Sie nicht der Mensch sind, für den Sie sich halten?

Einer der Hauptgründe, warum so viele Menschen sich die wunderbare Erfahrung des achtsamen Bewusstseins entgehen lassen, liegt darin, dass sie in einer Identitätskrise stecken. Sie denken ganz einfach, dass sie jemand oder etwas sind, was sie gar nicht sind. Sie denken, dass sie die Stimme in ihrem Kopf sind, und vertrauen daher zu sehr auf das, was sie sagt, wenn sie definieren, wer sie sind und wozu sie fähig sind. Sie glauben, dass sie ihr Körper sind, weil sie sich seit Kindesbeinen an mit ihm identifizieren. Oder sie glauben, dass sie ihr Beziehungsstatus sind, ihr Beruf, ihre Religionszugehörigkeit oder die lange Liste anderer Etiketten, die ihnen dabei helfen, zu definieren, wer sie sind.

Sich selbst erkennen zu wollen gehört zum Menschsein

dazu. Es ist normal, auf der Suche zu sein, um in den erwähnten möglichen Quellen nach dem Sinn des eigenen Lebens zu fahnden. Ob Sie sich dessen bewusst sind oder nicht, es ist sehr wahrscheinlich, dass auch Sie schon verschiedene Antworten auf die große Frage des Lebens erforscht haben: *Wer bin ich?* Ohne kundige Anleitung werden Sie jedoch sehr leicht der nur zu verständlichen Vermutung zum Opfer fallen, dass Ihre Person identisch mit den zeitlich begrenzten und vergänglichen Wesensmerkmalen ist, mit denen sich so viele andere Menschen ebenfalls identifizieren:

- Ich muss die Stimme in meinem Kopf sein, weil sie wie ich klingt.
- Ich muss meine Emotionen sein, weil ich sie so tief drinnen in mir spüre.
- Ich muss mein Körper sein, weil er zu mir gehört, seitdem ich auf der Welt bin.
- Ich muss mein Beruf sein, weil ich mich damit den Leuten vorstelle, wenn sie mich fragen, was ich tue.
- Ich muss mein Beziehungsstatus sein, weil meine Heiratsurkunde das sagt.
- Ich muss meine Religion sein, weil es das ist, woran ich so fest glaube.

Diese Liste lässt sich beliebig fortsetzen. Aber nichts davon sind letztlich Sie. Ja, diese Dinge gehören zu Ihrer Persönlichkeit und zu dem, womit Sie Ihre Tage verbringen, aber das macht Sie aus.

Warum? Sie alle sind zeitgebunden, sie kommen und gehen und ändern sich. Deshalb ist Ihr Ansatz, sich selbst in diesen vergänglichen Etiketten wiederzufinden, ein bisschen so, als würden Sie mitten im Meer ohne Anker auf der Stelle zu bleiben versuchen. Das wird nicht funktionieren, Sie werden abtreiben. Es kann sehr verstörend – und erst recht höchst stressig – werden, von einem mentalen Konstrukt zum nächsten zu springen, wenn Sie aus all den Dingen in Ihrem Leben, die sich fortwährend ändern und sich weitgehend jenseits Ihrer unmittelbaren Kontrolle befinden, abzuleiten versuchen, wer Sie sind.

Was, wenn Sie nicht derjenige oder das sind,
für den oder das Sie sich halten? Sind Sie bereit,
eine neue Methode auszuprobieren,
wie Sie sich selbst wahrnehmen und erleben können?

Ich bin bewusst

Wenn ich von Ihrem «wahren Selbst» spreche, meine ich all jene Aspekte an Ihnen, die von Dauer sind. Jene Dimension Ihrer selbst, die nicht kommt und geht und sich ändert und nicht vorübergehend ist. Jene Seite an Ihnen, die präsent ist – und zwar immer.

In buchstäblich Tausenden von Meditationsstunden habe ich diese große Frage erforscht und bin zu dem Schluss gekommen: Ich bin ganz simpel das Ich, das bewusst ist. Alles andere ist eine Erfindung des Minds oder ein Lebensumstand, der kommt und wieder geht. Für das, was bewusst ist, gilt das nicht. Wer also sind Sie? Sie sind das achtsame Bewusstsein, das sich der Stimme in Ihrem Kopf bewusst ist und all der anderen Gedanken und Emotionen, die sich täglich einstellen. Das Bewusstsein, das sich Ihres Körpers bewusst ist und all der physischen Empfindungen und Begleiterscheinungen, die auftreten. Das Bewusstsein, das sich Ihrer Beziehungen bewusst ist, Ihres Kontostands, der Arbeiten, die Sie tun, der Häuser, die Sie bewohnen, und der Hobbys, die Sie eben lieben.

Einführung: Die stille Lösung

Bewusstsein ist der eine Aspekt an Ihnen,
der Sie schon Ihr ganzes Leben lang begleitet
und ohne den Sie nie, noch nicht einmal
eine Sekunde, existiert haben.

Selbst wenn Sie sich dessen nicht bewusst waren, war Ihr achtsames Bewusstsein die gesamte Zeit über vollkommen präsent. Bewusstsein ist das, was noch immer da ist, wenn Sie keine Gedanken oder Emotionen haben. Es bleibt auf ewig bei Ihnen, auch wenn Menschen aus Ihrem Leben verschwinden, Ihre beruflichen Titel sich ändern, Ihr Körper älter wird, Ihre Adresse wechselt und so weiter – es ist die kontextuelle Landkarte, auf der sich alles andere in Ihrem Leben abspielt.

Probleme, die der Mind erfunden hat

Ob Sie es glauben oder nicht: Probleme sind hausgemachte Erfindungen des Minds. Das schockiert Sie vielleicht, aber ohne die Einmischung des Minds – indem er etwas als negativ, schlecht, falsch oder noch schlimmer bewertet – verliefe das Leben, ohne dass man irgendetwas als problematisch erleben würde. Ja, verzwickte, unerwartete und vielleicht unangenehme Dinge mögen eintreten, aber erst muss der Mind sie als negativ einstufen, damit wir sie als Problem empfinden können.

Buddha soll einmal gesagt haben:
«Kein Mind, kein Problem.»
Und das ist so wahr.

Da der Mind so funktioniert, kann es passieren, dass Sie sich in einem unendlichen Teufelskreis aus Problemlösung und neuen zu lösenden Problemen befinden, wenn Sie zu viel nachdenken.

Die unglückliche Kettenreaktion, dass Sie sich zuerst Ihres Bewusstseins nicht bewusst sind, um sich dann in Myriaden von hausgemachten Problemen zu verfangen, führt dazu, dass der Körper unter Riesenstress gerät, wir eine emotionale Achterbahn hinauf- und hinunterrasen und sich am Ende das Gefühl einstellt, dass wir weder im Beruf noch im Leben je ganz zufrieden oder erfolgreich sein können.

Ruhiges, stilles Bewusstsein

Jenseits des Minds existiert ein ruhiges, stilles Bewusstsein, das die Lösung für jedes vom Mind gemachte Problem enthält. Mit «Lösung» meine ich keine Antwort, die aus raffinierten oder positiven Gedankengängen resultiert, sondern einen Weg aus dem Gefängnis des Minds.

Bevor ich das ruhige, stille Bewusstsein kannte und den ursprünglichen Frieden, die endlose Liebe und Freude sowie den grenzenlosen Überfluss, die es mit sich bringt, war ich nie vollauf zufrieden mit dem Leben, für das ich so hart gearbeitet hatte. Ich spürte immer, dass es im Leben noch mehr geben musste, und jagte Ziel um Ziel nach, in der Hoffnung, dass das nächste Abhaken auf der Liste mir wahre Zufriedenheit bringen würde. Ich dachte, dass ich deshalb nicht glücklich war, weil mein Leben noch nicht so war, wie ich glaubte, dass es sein müsse. Ich hatte einfach noch nie darüber nachgedacht, ob meine Unzufriedenheit daran liegen könnte, dass ich mich in meinem wankelmütigen Mind – er sprang von Urteil zu Urteil – verirrt hatte und mir infolge dieser unbewussten Angewohnheit unabsichtlich ein beträchtlicher Aspekt meines Lebens und meiner selbst entgangen war.

Was ich auch erreichte,
nichts konnte dem immerwährenden Stachel

die Spitze nehmen, dass irgendetwas fehlte.
Ich suchte Erfüllung einfach an Orten,
wo ich sie nie hätte finden können.

Kein Geld der Welt kann Ihnen die innere Ruhe und die Verbundenheit, die Erfüllung und das Glück erkaufen, die Sie auf ganz natürliche und unmittelbare Weise erleben, wenn Sie Achtsamkeit in diesem gegenwärtigen Augenblick walten lassen. All diese wunderbaren Dinge sind in den Stoff Ihres achtsamen Bewusstseins eingewoben. Und sie sind Ihnen jetzt zugänglich, unabhängig davon, wie positiv oder perfektioniert Ihre Gedanken, Ihre Emotionen, Ihr Körper und Ihr Leben sind. Klingt zu schön, um wahr zu sein? Folgen Sie mir und bewahren Sie sich einen offenen Geist!

Seit einem Jahrzehnt bin ich auf diesem Gebiet tätig und habe dabei mit allen möglichen Menschen gearbeitet: Einige davon waren fast pleite, andere Multimillionäre. Gleichviel, wie hoch der Kontostand ist, sind sich doch alle gleich in Bezug auf das Bewusstsein in ihnen. Die Reicheren waren nicht notwendigerweise auch die Glücklicheren – sie mussten sich nur mit anderen Problemen herumschlagen. Mir ist klargeworden, dass echter Erfolg sich nicht an äußeren Größen messen lässt, sondern daran, wie ruhig, zufrieden und mit sich selbst verbunden Sie innerlich sind.

Durch diese Reise, auf der Sie
Ihren Mind, sich selbst und Ihr Leben
neu sehen werden,
werden Sie – hoffentlich – erkennen,
dass das Geheimnis des Erfolgs
in der inneren Stille liegt.

Lebensmeditation in achtsamem Bewusstsein

Mind Calm ist eine einfache, moderne Meditationstechnik, die Spaß macht und mit der man einen bewussten und achtsamen Blick auf das Leben kultiviert. «Calm» steht für «Conscious Awareness Life Meditation» («Lebensmeditation in achtsamem Bewusstsein») – eine Meditationsform, die genau das tut, was ihr Name besagt.

Dank Meditation – mit geschlossenen wie mit offenen Augen – können Sie den Alltag in achtsamem Bewusstsein erleben. Dieses Buch wird Ihnen zeigen, wie Sie Mind Calm anwenden können, und Ihnen das Handwerkszeug vermitteln, das Sie brauchen, um mit Leichtigkeit und mit maximalem Nutzen zu meditieren.

**Eine Meditationsmethode, um Frieden mit dem Mind
zu schließen**

«Frieden mit dem Mind schließen» ist keine leere Floskel. Weit gefehlt! Diesen Ausdruck benutze ich nun schon eine ganze Weile – ja, er war meine größte Inspiration, um dieses Buch überhaupt zu schreiben. Und ich würde mich glücklich schätzen, mithilfe von Mind Calm «Frieden MIT dem Mind» populärer machen zu können.

Ich habe festgestellt, dass «innere Stille» vielleicht eines der verwirrendsten und demoralisierendsten spirituellen Ziele der Welt ist, denn in diesem Wort schwingt mit, dass man sämtliche Gedanken aus seinem Mind verbannen muss. Ja doch, dauerhafte innere Stille ist möglich. Und erst recht wunderbar – für diejenigen, die sie in diesem Leben erlangen. Aber genau darum geht es mir. Denn solch eine Harmonie von Körper und Geist zu erreichen, in der die Gedanken auf Dauer zum Schweigen gebracht werden, kann viele Meditationsstunden erfordern, eine sehr genaue Anleitung, wie man die unmerklichen

Einführung: Die stille Lösung

mentalen Anhaftungen kappt, und in einigen Fällen auch eine ordentliche Dosis göttlicher Intervention.

In der heutigen Zeit führen die meisten Menschen ein unglaublich geschäftiges Leben. Sie jonglieren mit beruflichem Druck und familiären wie finanziellen Verpflichtungen, was den Löwenanteil ihrer Zeit und Aufmerksamkeit beansprucht. Selbst wenn sie den Wunsch hätten, sich in irgendein Kloster zurückzuziehen, um auf der Suche nach dauerhafter innerer Stille monatelang zu meditieren, wäre dies für die meisten Menschen gar keine Option. Den erwähnten Zustand zu erreichen erscheint ihnen eher wie ein Wunschtraum. Meilenweit von jeder realistischen Umsetzbarkeit entfernt, kann Meditation leider den Eindruck erwecken, als wäre sie ein unerschwinglicher Luxus in einem ohnehin schon vollen Zeitplan.

Deshalb möchte ich solchen Menschen, die ja den Hauptteil der Bevölkerung ausmachen, unbedingt Mind Calm näherbringen sowie die ungemein reizvolle und durchführbare Option, «Frieden mit dem Mind» zu schließen. Ich habe entdeckt, dass dieser Ansatz auch für Menschen höchst nützlich ist, die bereits daran gearbeitet haben «aufzuwachen» – denn er stellt eine Brücke dar, die jeder beschreiten kann auf dem Weg zu bewusster Achtsamkeit und innerer Ruhe.

Mind Calm ist eine Methode, Ihren Mind nicht nur «ruhigzustellen», sondern auch Frieden mit ihm zu schließen, wenn er sich unausweichlich wieder zu regen beginnt.

Es ist möglich, Ihren Mind dazu zu bringen, nicht mehr zu denken. Sie werden es selbst erleben, wenn Sie die Mind-Calm-Spiele in diesem Buch spielen. Nie wieder einen Gedanken zu fassen – oder anders ausgedrückt: ewige innere Stille zu erreichen – ist jedoch eine ganz andere Geschichte. Vor allem, wenn man berücksichtigt, wie sehr der Mind des Durchschnittsbürgers Reizen ausgesetzt und mit ihnen überfordert ist. Desgleichen wird Sie die Vorstellung vielleicht nicht einmal besonders locken, nie wieder zu denken, wenn Sie Ihren Mind mögen. Mind Calm versetzt Sie in die Lage, in Frieden mit dem Mind zu leben. Ich hoffe außerdem, dass Sie willens sind zu erforschen, was jenseits Ihres Geistes existiert, um Ihr strahlendes wahres Ich zu entdecken, das ebenfalls Ihre Aufmerksamkeit verdient.

Ruhe inmitten von Chaos

Indem Sie bewusst achtsam sind, schaffen Sie einen Raum zwischen sich und Ihrem Mind. Wenn Sie diesem Raum Aufmerksamkeit schenken, wird Sie dies unmittelbar zu innerer Ruhe führen. Nicht weil Sie notwendigerweise mit dem Denken aufgehört haben, sondern weil Sie die ruhige, stille Präsenz Ihrer eigenen bewussten Achtsamkeit erleben. Mit etwas Übung werden Sie feststellen, dass diese Ruhe anhält, selbst wenn Sie negative Gedanken oder Emotionen haben. Ja, selbst wenn Sie körperliche Beschwerden haben oder unerwartet Probleme in Ihren äußeren Lebensumständen auftreten.

Das ist schon sehr bemerkenswert: Sie müssen Ihre negativen Gedanken oder Emotionen nicht loswerden, um innere Ruhe genießen zu können; ebenso wenig sind Sie dazu verdammt, sich von der unvorhersehbaren Natur Ihrer Lebensumstände negativ beeinflussen zu lassen. Sie sind frei, sich ungeachtet dessen innerer Ruhe zu erfreuen.

Diese befreite Art zu leben rührt daher, dass Sie Ihr Verhältnis zu Ihrem Mind, Ihren Emotionen, Ihrem Körper und Ihrem Leben geheilt haben. Zunächst lernen Sie hier, wie Sie innere Ruhe jederzeit herbeiführen können, indem Sie sich in achtsamem Bewusstsein üben (siehe Kapitel 4, S. 74 f.); der Rest des

Buchs ist der Aufgabe gewidmet, dass Sie es sich zur Gewohnheit machen, Frieden mit Ihren Gedanken, Frieden mit Ihren Emotionen, Frieden mit Ihrem Körper und am Ende auch Frieden mit Ihrem Leben im Allgemeinen zu schließen.

Mind Calm zeigt Ihnen einen Weg zu Frieden und Wohlbefinden auf, der aus zwei Teilen besteht:

- Teil I: innere Stille (gelegentlich)
- Teil II: Frieden mit Ihrem Mind (die restliche Zeit über)

Bevor Sie nicht in Harmonie mit Ihrem Leben sind, können Sie so viele Reichtümer anhäufen, wie Sie wollen, Sie werden dennoch nicht automatisch ein wirklich erfolgreiches Leben führen. Ich wünsche Ihnen, dass weder Ruhe noch Klarheit oder Zufriedenheit der Geschäftigkeit Ihres Minds zum Opfer fallen. Ich wünsche Ihnen, Sie mögen erkennen, dass Sie im Frieden mit dem Leben sind, wenn Sie im Frieden mit Ihrem Mind sind. Und schließlich wünsche ich Ihnen, dass Sie Ihr Verhältnis zum Leben unendlich verbessern lernen, indem Sie Ihren Mind zum Schweigen bringen können, wann immer Sie das möchten, und sich nicht davon beeinflussen lassen, wenn Ihr Mind wieder loslegt.

Das ruhige, stille, grenzenlose Ich

Bewusste Achtsamkeit ist grundsätzlich still und lautlos. Ein Zeichen, dass Sie gerade achtsam sind, ist die Erfahrung von innerer Stille und innerem Schweigen. Ich hoffe, dass die Lektüre dieses Buchs Ihnen die Augen öffnet. Nicht nur dergestalt, dass Sie sich von meinem Konzept überzeugen lassen, sondern dass Sie auch das erleben, was ich das «grenzenlose Ich» nenne. Über die Jahrtausende haben zahllose spirituelle Lehrer von einem grenzenlosen Ich gesprochen; dahinter verbergen sich die Achtsamkeit, die das Leben beobachtet, während es sich entfaltet, und das Bewusstsein, innerhalb dessen alles Leben existiert. Sie sitzen bei diesem wunderbaren Abenteuer, das Ihr Leben ist, in der ersten Reihe. Es wird Zeit zu sagen: «Her damit!», und alles mit offenen Armen willkommen zu heißen, was auch immer geschehen mag.

Zunächst lassen Sie uns der Tatsache auf den Grund gehen, warum Sie so einen geschäftigen Mind haben, damit Sie den Schritt von mentalem Aufruhr zur inneren Ruhe machen können.

Die Lotusblüte wird oft als Symbol für «Unendlichkeit» verwendet; und obwohl das Logo auf den ersten Blick wie ein Mensch in Meditationshaltung aussieht, werden Sie bei näherem Hinschauen erkennen, dass die nach oben gestreckten Arme auch ein Auge in der Mitte formen. Denn das Mind-Calm-Logo soll die Zielsetzung von Mind Calm symbolisch darstellen und daran erinnern, achtsames Bewusstsein zu üben durch innere Aufmerksamkeit für das «unendliche Ich» (was im Englischen phonetisch genauso klingt wie das «unendliche Auge»).

Teil I

LEHREN UND TECHNIKEN

Kapitel 1

HEIMLICHE URSACHEN
FÜR EINEN UNRUHIGEN MIND

Warum ist mein Geist nur so unruhig? Ich kenne Ihren Frust. Ich habe mich von meinem Kopf auch verrückt machen lassen. Ich dachte über tausend Dinge gleichzeitig nach. Ich wälzte mich in schlaflosen Nächten im Bett hin und her, fand es fast unmöglich, mich auf Arbeit und Freizeitvergnügen zu konzentrieren, und hatte ehrlich gesagt sogar Momente, in denen ich meinen Mind als so schlimm empfand, dass ich es schier nicht mit ihm aushielt und mich insgeheim fragte, ob es nicht leichter wäre, mich von diesem Leben zu verabschieden.

Einmal war ich so in Gedanken, dass ich das nasse Laub auf der Straße nicht sah, als ich in eine Kurve fuhr, und fast mit dem Motorrad gestürzt wäre. Dass ich an diesem Tag beinahe den Asphalt geküsst hätte, war natürlich ein Weckruf und einer der vielen Beweggründe, die mich zu einer eingehenden Beschäftigung mit der Frage veranlassten, wie ich von geistigem Chaos zu geistiger Ruhe gelangen könnte.

Bei dieser Beschäftigung und auch bei der Beobachtung der vielen Menschen, denen ich das Meditieren beigebracht habe, entdeckte ich eine Reihe von unscheinbareren, verdeckten Ursachen, die so viele von uns unter ihrem übereifrigen Mind leiden lassen. Ich bin neugierig, ob Ihnen eine der folgenden Ursachen bekannt vorkommt.

Die vier heimlichen Ursachen für einen unruhigen Geist und die zugehörigen Schnellkuren

Heimliche Ursache 1: Das Bewertungsspiel

Dem Leben einen Sinn zuzuschreiben ist der Job des Verstands. Hinter den Kulissen gibt Ihr Mind in jedem Moment an jedem Tag alles, um dem, was geschieht, Bedeutung zu verleihen. Er will nur das Beste für Sie und arbeitet unermüdlich, damit es Ihnen gutgeht, Sie in der Spur bleiben und ein schönes Leben führen können.

Der Mind geht ganz in dieser Rolle auf und spielt das, was ich das «Bewertungsspiel» nenne. Darin bewertet der Mind, was in der Vergangenheit geschehen ist, was genau jetzt geschieht und was in der Zukunft geschehen könnte – und zwar stets mit der Absicht einzuschätzen, ob es gut oder schlecht, positiv oder negativ, richtig oder falsch, besser oder noch schlimmer ist. Und dann, wenn er etwas als schlecht, negativ, falsch oder noch schlimmer einstuft, haben Sie das, was man gemeinhin ein «Problem» nennt.

Werturteile und der Drang, zu viel zu denken

Es gibt eine direkte Beziehung zwischen der Bewertung einer Sache als Problem und dem Drang, zu viel zu denken. Der Mind liebt es, Probleme zu lösen. Wenn er etwas als potenziell problematisch erkannt hat, wird er sofort aktiv, um entweder über das Problem nachzudenken oder die besten Lösungsmöglichkeiten zu finden.

Gleichgültig, ob es nun eine kleine Irritation oder eine absolute Katastrophe ist, der Mind neigt dazu, stets auf dieselbe

Weise zu reagieren: *Warum passiert das ausgerechnet mir? Welchen Einfluss könnte es auf mein Leben haben? Werde ich damit leben können? Wird meine Familie damit leben können? Wie fühle ich mich dabei? Warum fühle ich mich so? Wie kann ich das ändern, in Ordnung bringen oder wenigstens verbessern, damit sich alles zum Guten wendet und ich mich wieder besser fühle?*

Normalerweise bricht eine Sintflut von Gedanken über uns herein, während der Mind tut, was er kann, um die zur Problemlösung führenden Fragen zu beantworten, die er sich so trefflich zu stellen weiß. Solch ein Strom oder manchmal auch Tsunami an mentaler Bewegung, der dem Bewertungsspiel entspringt, kann schier unerschöpflich sein! Wenn Sie unabsichtlich in ein Bewertungsspiel geraten, können die Gedanken in Ihrem Kopf am Ende auf der Stelle treten wie ein Hamster in seinem Rad, während Sie die verschiedenen möglichen Auswege aus Ihrer Zwangslage durchspielen. Ironischerweise entsteht diese mentale Aktivität aus den besten Absichten des Minds, eine Lösung und damit innere Ruhe herbeizuzaubern.

Verbessern Sie, was Sie wollen

Lassen Sie mich eines klarstellen: Es ist nichts «falsch» daran, wenn Sie Ihr Leben verbessern wollen, besonders dann nicht, wenn etwas passiert, das Ihre erhöhte Aufmerksamkeit erfordert. Vielleicht müssen Sie dafür sorgen, dass Sie genug Geld haben, um diesen Monat die Rechnungen zu bezahlen, vielleicht müssen Sie alles tun, um ein körperliches Problem zu beheben oder eine Meinungsverschiedenheit aus der Welt zu schaffen. Dennoch: Wenn Sie sich einen ruhigeren Mind wünschen, um glücklicher oder liebevoller zu werden, und Ihre Intuition einsetzen wollen, um kreative Lösungswege zu suchen, dann sollten Sie Ihre Einstellung zum Bewertungsspiel neu überdenken.

Schnellkur 1: Das Bewerten aussetzen

Ob es Ihnen gefällt oder nicht: Solange der Mind aktiv ist, wird das Bewertungsspiel fortgesetzt. Sie sollten nicht vergessen: Dank dieses Spiels weist der Mind der Realität eine bestimmte Bedeutung zu, was zuweilen von großem Nutzen sein kann, besonders wenn Umstände vorliegen, die Ihr Leben bedrohen könnten. Wenn wir aber ganz ehrlich sind, bedroht der allergrößte Teil dessen, was unser Mind bewertet und begrübelt, mitnichten unser Leben. In diesen Fällen – ich schätze sie auf 99 Prozent – empfiehlt es sich daher, die Bewertung auszusetzen.

> *Das Aussetzen einer Bewertung erfordert,*
> *dass Sie die Bewertung erkennen,*
> *anstatt sie zu sein.*

Das erste Gegenmittel gegen diese heimliche Ursache für einen unruhigen Geist besteht einfach darin, **sie zu erkennen, sie aber nicht zu sein.** Die bewertenden Gedanken zu betrachten, indem Sie beobachten, wie sie in Ihrem Mind auftauchen, kann unglaublich wirkungsvoll sein. Wenn Sie Ihrem Mind zusehen, ist die Wahrscheinlichkeit sehr gering, dass Sie unbewusst auf sein Werturteil reagieren. Sie beginnen vielmehr, von diesem destruktiven Spiel Abstand zu gewinnen. Stattdessen fangen Sie an, das Werturteil als das zu erkennen, was es ist – eine wertende Meinung, die in Ihrem Mind auftaucht. Es kann eine Offenbarung mit Aha-Effekt sein, wenn Sie entdecken, dass die meisten Ihrer Probleme von Ihrem Mind erschaffen wurden und auf einer Beurteilung beruhen, die etwas als schlecht, negativ, falsch oder noch schlimmer einstuft.

Es ist eine sehr simple Strategie, *das Werturteil zu erkennen, es aber nicht zu sein.* Und doch verhindert sie, dass Sie zum Opfer der Umstände werden. Menschen, Ereignisse oder Dinge im Außen hören auf, die Ursache für Ihren inneren Stress oder Ihre fehlende Ruhe zu sein. Stattdessen erkennen Sie, dass es einer der Hauptgründe für Ihre Unzufriedenheit mit den Menschen, Ereignissen oder Dingen ist, dass Sie sich auf die Werturteile Ihres Minds einlassen. Wann immer Sie bemerken, dass Sie zu sehr über einem Problem brüten, sollten Sie sich also einen Augenblick Zeit nehmen, um Ihre Gedanken zu betrachten, anstatt diese Gedanken zu sein. Stellen Sie sich die Frage: *Was in meinem Leben bewertet mein Mind gerade negativ?* Die Antwort könnte zum Beispiel lauten:

- Ich erkenne, dass mein Mind bewertet hat, wie viel Geld ich habe.
- Ich erkenne, dass mein Mind bewertet hat, was mein Partner eben zu mir gesagt hat.
- Ich erkenne, dass mein Mind meinen Körper bewertet hat.

Dies ist eine einfache, achtsamkeitschaffende Intervention, und sie bringt einen Augenblick voll bewusster Ruhe hervor, in dem Sie das Werturteil unterbrechen und es als das erkennen, was es ist – ein Gedanke über das Leben, der gerade in Ihrem Mind auftaucht. Diese Erkenntnis wird noch wirkungsvoller, wenn sie mit der nächsten Schnellkur kombiniert wird.

Schnellkur 2: Es ist einfach!

Eine der raschesten Methoden, dem Mind Einhalt zu gebieten, besteht darin, das Bewertungsspiel mit einem vollkommen neutralen, nicht von einer Meinung eingefärbten Gedanken schachmatt zu setzen. Einem Gedanken, der kein Werturteil darstellt und der Möglichkeit Rechnung trägt, dass der in Frage stehende Umstand vielleicht gar kein Problem ist.

Wenn kein Problem gelöst werden muss,
kommt der Mind sehr rasch und von selbst zur Ruhe.

Erinnern Sie sich daran: Der Mind wird aktiv, wenn er auf ein Problem stößt, das gelöst werden muss. Aber wenn Sie bereit sind, Dinge nicht mehr als Probleme wahrzunehmen, dann stellen Sie vermutlich fest, dass Ihr Mind wenig zu tun hat und zur Ruhe kommt. Bedenken Sie: *Wenn etwas nicht gut oder schlecht, richtig oder falsch, besser oder schlechter ist, dann* ist *es einfach, oder?* Wenn Sie mit der neutralen Meinung spielen, dass es «einfach ist», dann gibt es wenig Zündstoff für ein Feuerwerk an Gedanken. Versuchen Sie es doch gleich mal. Nehmen Sie ein Problem aus der Vergangenheit, Gegenwart oder Zukunft als Beispiel und überlegen Sie: *Obwohl es schlimm, negativ, falsch oder noch schlimmer zu sein scheint, kann ich die Tatsache nicht leugnen, dass es auch einfach nur ist.*

Sobald Sie das gedacht haben, nehmen Sie sich einen Augenblick Zeit, ohne sofort etwas zu tun, um das als solches wahrgenommene Problem zu lösen. Atmen Sie tief ein und aus und achten Sie auf das, was Ihr Mind als Nächstes tut. Vielleicht bemerken Sie einen Moment absoluter Ruhe, während Ihr Mind über den nächsten Schritt entscheidet. Der wiederum – nur damit Sie vorbereitet sind – ein weiteres Werturteil sein könnte! Ihr Mind wird vielleicht sofort seinen Standpunkt von eben verteidigen, indem er rechtfertigt, warum das Problem wirklich so schwierig, voller negativer Auswirkungen oder noch schlimmer ist.

Wann immer Sie mit «Es *ist* einfach» zu jonglieren beginnen, sollten Sie darauf vorbereitet sein, dass Ihr Mind große Geschütze, Beweise und Begründungen auffahren wird! Vielleicht beginnt er damit, dass er seinen Standpunkt von eben damit rechtfertigt, warum das Problem tatsächlich so negative, furchtbare und katastrophale Konsequenzen hat. Vielleicht sagt er: *Es ist ein Problem, weil* ... Dann fügt er noch einige Gründe hinzu, warum das, wovon Sie sagen, dass es «einfach ist», wirklich ein Problem ist. All das ist Teil des Bewertungsspiels, deshalb müssen Sie es erkennen und es nicht sein. Je weniger Sie sich auf das Bewertungsspiel einlassen, desto ruhiger wird Ihr Mind von selbst werden. Sich die Tendenz des Minds zur Bewertung klarzumachen ist entscheidend, denn sonst wird es Ihnen schwerfallen, die folgende heimliche Ursache für einen unruhigen Mind zu beheben.

Heimliche Ursache 2: Mit Widerstand dauert es länger

Hand in Hand mit dem Bewertungsspiel geht der Widerstand. Der Mind beginnt oft, sich gegen das zu wehren, was er gerade als schlecht, negativ, falsch oder schlimmer bewertet hat. Obwohl es natürlich ist, alles «Schlechte» wegzuschieben, führt es, wenn man weitermacht, ohne sich dieser verdeckten Ursache bewusst zu sein, zu einem aktiven Mind – und zwar aufgrund der eintretenden Kettenreaktion, wenn man sich gegen etwas wehrt.

Lassen Sie uns einen weiteren Blick hinter die Kulissen der Abläufe in unserem Kopf werfen. Wann immer etwas passiert, springt sofort unser Mind an – er bewertet, ob es gut oder schlecht, positiv oder negativ, richtig oder falsch, besser oder schlimmer ist. Das wissen wir jetzt. Doch die nächste heimliche Gewohnheit des Minds ist ein weiterer Auslöser von Gedankensturzbächen, den Sie kennen müssen, wenn Sie ruhiger und zufriedener weitermachen wollen.

Wenn der Mind beschließt, dass etwas gut, positiv, richtig und besser ist, dann lässt er es zu. Das macht Sinn: Schließlich ist es ja gut, positiv, richtig und besser! Doch was Sie bisher vielleicht noch gar nicht bedacht haben, ist ...

Ihre optimistischen Werturteile und
die innere Erlaubnis für das, was «ist», sind die
Ursache für Ihr gutes Gefühl. Kein Mensch,
Ort oder Ereignis verschafft Ihnen ein gutes Gefühl,
sondern nur Ihre innere Erlaubnis.

Nehmen Sie sich einen Moment Zeit, um diesen Gedanken zu verarbeiten. Früher glaubte ich immer, meine Beziehung, mein Geld oder mein neues Auto seien die entscheidenden Faktoren, warum ich mich gut fühlte. In Wirklichkeit jedoch ließ ich Dinge erst zu, wenn sie mein Mind als gut, positiv, richtig oder besser einstufte. Ich war einen Augenblick lang im Frieden mit dem, was «ist», und wünschte mir diesen Augenblick keinen Deut anders. Mit anderen Worten: Ich akzeptierte in diesem Augenblick die Dinge, wie sie waren, und war im Einklang mit dem Leben. Nun aber stellt sich heraus, dass es schon immer die wahre Quelle meines Glücks und meiner Zufriedenheit war, das, was «ist», einfach zuzulassen. Wow!

Was passiert, wenn Sie das Leben wegschieben

Dennoch (und es ist ein großes Dennoch!): Wenn Ihr Geist etwas als schlecht, negativ, falsch oder schlimmer einstuft, dann wehrt er sich sehr oft sofort dagegen. Obgleich es sowohl vernünftig als auch logisch erscheinen mag, Negativität wegzuschieben, verbirgt sich dahinter eine wichtige Ursache von viel Stress, Leid, Kummer und Konfusion.

Bevor ich die wahren Folgen des Verdrängens von Lebensereignissen erforschte, glaubte ich, dass die Menschen, Orte und Ereignisse dafür verantwortlich waren, dass ich mich «schlecht» fühlte. In Wirklichkeit allerdings waren die inneren Werturteile meines Minds und sein daraus folgender Widerstand die Ursache all dieser «negativen» Emotionen. Wirklich ziemlich bemerkenswert! Ich habe so viele Stunden mit dem verkrampften Bemühen verbracht, meinen Körper und mein Leben zu korrigieren, verändern und verbessern, nur damit ich mich wieder gut fühlte – dabei hatten die ganze Zeit über meine Gefühle kaum etwas mit irgendwelchen äußeren Faktoren zu tun.

Wut, Traurigkeit, Angst, Schuldgefühle, Kummer, Schmerz und jedes andere unangenehme Gefühl, das Ihnen in diesem Zusammenhang einfällt, setzt negative Werturteile und Widerstand voraus, damit es existieren kann. Wenn Sie das begreifen, kommen Sie zu der tiefen Erkenntnis, wie Sie sich viel öfter phantastisch fühlen können – indem Sie Werturteile aussetzen und Widerstände als Reaktion beseitigen; es wirft aber auch ein weiteres helles Licht darauf, wie Sie mehr innere Ruhe genießen können.

Widerstand und der Drang, zu viel zu denken

Es besteht ein direkter Zusammenhang zwischen einem schlechten Gefühl aufgrund des Widerstands gegen etwas und dem Drang, zu sehr zu grübeln. Der Mind will sich gut fühlen. Tatsächlich entspricht es seiner natürlichen Neigung, alles zu unternehmen, damit Sie glücklich sind. Die Aktivität Ihres Minds ist größtenteils von dem positiven Vorsatz motiviert, glücklich zu sein. Wann immer Ihr Mind also etwas bemerkt, das er als «negative» emotionale Energie kennengelernt hat, fühlt er sich verpflichtet, alle möglichen Methoden auszuprobieren, wie er die schlechten Gefühle vertreiben kann, damit Sie wieder glücklich sind.

Wenn Ihr Mind eine negative Emotion registriert hat, stellt er sich für gewöhnlich zwei Fragen:

1. Was fühle ich gerade?
2. Warum fühle ich es?

Die Suche nach der Antwort auf diese Fragen erfordert normalerweise viel mentale Aktivität. Sobald Sie der betreffenden Energie ein Etikett verpasst haben – Wut, Traurigkeit oder Angst zum Beispiel –, werden Sie sehen, dass Ihr Mind die brillante Fähigkeit hat, logische und legitime Gründe dafür zu ersinnen, warum Sie sich so fühlen, wie Sie sich fühlen. Zum Beispiel könnten einige allgemeine Gründe lauten:

- Ich fühle mich so, weil diese Person gerade das gesagt hat.
- Ich fühle mich so wegen meines Kontostands.
- Ich fühle mich so, weil ich im Beruf nicht weiterkomme.

Und vielleicht hat der andere tatsächlich etwas gesagt, das nicht angenehm war, vielleicht haben Sie mit dem lieben Geld diesen Monat Ihre Schwierigkeiten, oder es wäre gut für Sie, wenn Sie die Stelle wechselten. Aber darum geht es nicht, wenn Sie sich innere Ruhe wünschen. Wichtiger ist es, die verdeckten Ursachen für zu viel Grübelei zu erkennen, die hinter den Kulissen ablaufen und oft die Quelle unerwünschter Gefühle sind. Widerstand gegen das Leben zu leisten wird weder bei zwischenmenschlichen Differenzen eine Hilfe sein noch beim Geldverdienen, und es wird Ihnen auch keinen neuen Job verschaffen. Widerstand ruft nur unnötig Stress und Leiden auf den Plan. Wenn Sie das begriffen haben, wird es Ihre erste Wahl sein, allen Widerstand fahrenzulassen und mit innerer Ruhe die Maßnahmen zu ergreifen, die angezeigt sind.

Widerstand verursacht Stress und Leiden.
Akzeptanz schafft Ruhe und
ist die bewusstere Art zu leben.

Schnellkur 1: Reflexhaften Widerstand loslassen

Geldnot beispielsweise ist nicht die Ursache für schlechte Gefühle. Die Quelle dieser schlechten Gefühle sind vielmehr die Werturteile des Minds und der innere Widerstand gegen das, was scheinbar vor sich geht. Wenn Sie bereit sind, mit dieser Möglichkeit zu spielen, sind Sie frei, sich genau jetzt gut zu fühlen. Grübelei ist auch keine große Hilfe. Denn man konzentriert sich beim Grübeln genau auf die Dinge, die man sich wegwünscht. Kurz und gut: Widerstand macht engstirnig und zieht die Dinge an, die Sie sich wegwünschen.

Wenn Sie den Widerstand nur betrachten, anstatt reflexhaft Widerstand zu leisten, schwindet der Drang, allzu viel über die von Ihnen als solche wahrgenommene Zwangslage nachzugrübeln, und wird durch weitsichtige Klarheit ersetzt und die Kreativität, sich Methoden einfallen zu lassen, um eine Verbesserung herbeizuführen. Dasselbe gilt für jede andere Herausforderung, mit der Sie konfrontiert werden. Immer, wenn Sie negative Emotionen bei sich feststellen oder über ein Problem allzu sehr ins Grübeln geraten, empfehle ich Ihnen, eine Auszeit zu nehmen, um den Widerstand zu betrachten, anstatt unbewusst Widerstand zu leisten. Fragen Sie sich: *Gegen was in meinem Leben wehrt sich mein Mind gerade?*

Mögliche Antworten lauten:

- Ich sehe, dass mein Mind sich gerade gegen etwas wehrt, das in der Vergangenheit geschehen ist.
- Ich sehe, dass mein Mind sich gerade gegen meine körperliche Verfassung wehrt.
- Ich sehe, dass mein Mind sich gerade dagegen wehrt, wo ich im Moment lebe.

Wenn Sie erkannt haben, was Sie gerade wegzuschieben versuchen, kehren Sie in die Harmonie mit dem Leben zurück, indem Sie nichts tun, anstatt Widerstand zu leisten. Diese leichte Übung schafft einen Augenblick bewusster Ruhe. Natürlich nur sofern Sie so offen sind zu sehen, dass es Ihre Erlaubnis oder Ihr Widerstand ist, die beziehungsweise der Ihre negativen Emotionen verursacht – es sind nicht die Umstände an sich. Warum sollten Sie sich absichtlich gegen das Leben wehren, wenn Sie wissen, dass es doch Ihr Widerstand ist, der Ihre schlechten Gefühle verursacht? Das ist keine große Hilfe, denn das, wogegen man sich wehrt, hat damit auch Bestand.

Widerstand fesselt Sie nur an das,
was Sie sich wegwünschen.
Lassen Sie stattdessen Ihren Mind
zur Ruhe kommen, indem Sie
sich über den Widerstand hinwegsetzen.

Schnellkur 2: Her damit!

Ein ganz unmittelbarer Weg, jede Gegenwehr auszuhebeln, besteht darin, zu allem, gegen das Sie sich wehren, einfach zu sagen: *Her damit!* Das ist einfach, ja, und absolut wirkungsvoll! Denken Sie daran: Widerstand gegen das zu leisten, *was ist*, ist die heimliche Ursache Nummer eins für einen unruhigen Mind. Widerstand lässt Ihren Mind über das Warum, Was, Wie und «Was wäre, wenn» der Situation grübeln – so verstricken Sie sich leicht in die ganze Geschichte. Wenn Sie dagegen «Her damit!» zu dem sagen, wogegen Sie sich wehren, können Sie etwas ziemlich Bemerkenswertes beobachten: Die Macht der äußeren Umstände verliert ihren Einfluss auf Ihre innere Erfahrung. Erstaunlicherweise können Sie nun sehen, wie nötig es diese Umstände hatten, dass Sie sie sich wegwünschten, um die Herrschaft über Ihr Wohlbefinden zu erlangen. Lassen Sie jeden Widerstand fahren, und Sie werden sich augenblicklich besser fühlen.

Wenden Sie sich dem zu, was Sie sich wegwünschen wollen, und heißen Sie es mit offenem Geist willkommen.

«Her damit!» ist ein wirkungsvolles Gegenmittel gegen Bewertung und Widerstand. Lassen Sie mich trotzdem noch einmal wiederholen: Ich sage nicht, dass Sie die Dinge nicht verbessern könnten. Aber die beiden Worte «Her damit!» sind der entscheidende Faktor dafür, ob Sie Stress, negative Emotionen und Unmengen an Gedanken über sich ergehen lassen müssen, während Sie sich daranmachen, eine Veränderung herbeizuführen – oder ob Sie ruhig bleiben.

Heimliche Ursache 3: Die Bedingungsfalle

Die Bedingungsfalle schnappt zu, sobald Sie glauben, dass Sie erst glücklicher, friedvoller, geliebter, erfolgreicher oder in irgendeinem anderen wünschenswerten Zustand sein werden, *wenn* Sie X, Y oder Z sind, tun oder haben. Eine solche Bedingung entfernt Sie davon, sich einfach bestimmte Dinge zu wünschen, und fördert die Überzeugung in Ihnen, dass Sie diese Dinge brauchen, um sich gut zu fühlen. Bedingungen oder besser Anhaftungen beruhen auf der Illusion, dass Sie sich gar nicht gut fühlen *können*, wenn Sie nicht zuvor bestimmte Dinge an Ihrem Körper oder Leben verbessern, ändern oder vervollkommnen. Doch Ruhe, Zufriedenheit und Verbundenheit entstehen – wie Sie schon festgestellt haben –, wenn Sie nicht mehr an die Werturteile Ihres Minds glauben und sich nicht mehr gegen das Leben wehren.

Während Sie heranwuchsen, haben Sie wahrscheinlich gelernt, wie ein gutes Leben auszusehen hat: Wieviel Geld Sie besitzen, in welchem Haus Sie leben, mit welcher Art von Person Sie zusammenleben, welche Körperform Sie haben und sogar welche Automarke Sie fahren sollten ... Die Liste lässt sich beliebig fortsetzen. Die Bestandteile eines guten Lebens werden in Filmen und Medien ständig zelebriert und können uns unabsichtlich auch von Eltern und Gleichaltrigen eingeimpft werden. Kein Wunder, dass Sie so eine «Checkliste» voller Bedingungen verinnerlichen, die erfüllt sein müssen, wenn Sie ein glückliches und erfolgreiches Leben führen wollen.

Hochmotiviert, dieses gute Leben zu erlangen – da, machen wir uns nichts vor, unsere Erfahrung von Glück, Frieden, Liebe und Erfolg davon abhängt –, zücken wir unser Regelwerk aus Bedingungen und machen uns daran, alles in unserer Macht Stehende zu tun, damit all das sich erfüllt.

Ich habe zahllose Stunden damit verbracht, mir Ziele zu setzen und hart daran zu arbeiten, sie zu erreichen. Rettungslos verloren in einer Mentalität des «Ich kann erst glücklich werden, wenn», wartete ich darauf, irgendwann in der Zukunft ruhig und zufrieden sein zu können – dann, wenn ich jede für mein Glück notwendige Bedingung auf meiner Liste abgehakt hätte. Das war nicht nur ermüdend, sondern auch quälend, besonders, als ich feststellen musste, dass ich mich – selbst wenn ich meine Ziele erreichte – nur für eine kurze Zeit gut fühlte.

Bestenfalls kurzzeitige Hochs

Unweigerlich bedeutete meine Anhaftung an künftige Ergebnisse, dass mein Glück und mein Frieden nur von flüchtiger Natur waren. Immer, wenn ich bekommen hatte, was ich zu brauchen meinte, wanderten meine Zielfahnen nur bis zum nächsten großen Meilenstein und danach wieder zum nächsten.

Ich erinnere mich daran, wie ich mich in ein Cabrio setzte, das ich gerade gekauft hatte. Bevor ich den Showroom verließ, saß ich einige Augenblicke da und sah mich in meiner Neuerwerbung um. Das war ein tolles Gefühl! Dann blickte ich nach rechts, bemerkte einen kleinen Kratzer auf der Seitenverkleidung und dachte: *Ich bin total glücklich, sobald das repariert ist!*

Ich saß also in meinem teuren Cabrio, auf das ich jahrelang hingearbeitet hatte, und mein Mind gönnte mir ungefähr fünf Sekunden ungetrübte Freude, bevor er etwas fand, an dem herummäkeln konnte. Kennen Sie so etwas? Ohne es damals zu bemerken, hatte ich sofort die Bedingung aufgestellt, dass der Kratzer entfernt werden musste, bevor ich mich wieder über das Auto freuen konnte. Dies ist nur ein Beispiel für die vielen Gelegenheiten, bei denen ich unbewusst in die «Bedingungsfalle» tappte, wie ich sie nenne. Ich ging der Überzeugung auf den Leim, dass ich nicht glücklich (oder etwas anderes Positives) sein könnte, bevor nicht bestimmte Dinge in meinem Leben repariert, geändert oder verbessert wurden: *Ich bin glücklich, wenn ich eine neue Wohnung habe; ich bin glücklich, wenn ich meine neue Wohnung renoviert habe; ich bin glücklich, wenn ich die Hypothek abbezahlt habe* und so weiter. Damit kann der Mind Ihre innere Ruhe und Ihr Glück immer wieder aufschieben und bis in alle Ewigkeit geschäftig bleiben.

Übrigens, ich empfehle immer noch, sich Ziele zu setzen, denn eine klare Absicht zu haben und das zu tun, woran Sie Freude haben, kann Ihnen helfen, das Beste aus dem Geschenk Ihres Lebens zu machen. Ich habe noch immer viele Ziele, die mich anfeuern und mich antreiben. Ich bin mir zum Beispiel nicht sicher, ob ich so viele Stunden mit dem Schreiben meiner Bücher verbringen würde, wenn ich mir keine herausfordernden Ziele setzen würde, auf die ich hinarbeiten kann. Dennoch ist es geradezu kontraproduktiv für Ihre innere Ruhe, wenn Sie sich daran klammern, dass Sie jedes Ihrer Ziele erreichen *müssen*. Dieses Klammern schiebt Ihre positiven Gefühle bis zu einem Zeitpunkt in der Zukunft auf und verhindert, dass Sie sich mit Haut und Haaren auf das Leben einlassen.

> *Die Bedingungsfalle hält Sie in Ihrem Mind fest,*
> *sodass Sie den Augenblick verpassen und*
> *unnötigerweise innere Ruhe und Wohlstand*
> *auf später verschieben.*

Bedingungen und der Drang, zu viel zu denken

Es gibt einen direkten Zusammenhang zwischen der festen Vorstellung, dass etwas genau so und nicht anders sein muss, und dem Drang, sich endlos den Kopf zu zerbrechen. Immer, wenn Ihr Mind glaubt, dass er etwas Bestimmtes zu seinem Glück braucht, wird er aktiv und versucht herauszufinden, wie Sie von dem Punkt, an dem Sie sich jetzt befinden, zu einer verlockenderen Situation in der Zukunft kommen können. Anhaftungen an bestimmte Bedingungen dämpfen Ihr Erleben des gegenwärtigen Augenblicks. Sie verhindern, dass der jetzige Augenblick jemals gut genug sein kann, und führen zu Unzufriedenheit. Anhaftungen sorgen auch dafür, dass Sie in Angst leben. Sie fürchten, dass die Leute Sie nicht mögen oder verlassen könnten, denn sie sind Ihre Quelle der Liebe. Oder Sie fürchten, der Erfolg, den Sie sich doch so hart erarbeitet haben, könnte Sie verlassen. Solches Anhaften an bestimmte Bedingungen führt zu einem höchst eingeschränkten Leben, in dem Sie die Dinge kontrollieren und manipulieren müssen, damit sie Ihrem Regelwerk entsprechen. Folglich hat der Mind einen guten Grund, Unmengen an Gedanken zu produzieren, wie er Ihre augenblicklichen Lebensumstände verbessern könnte.

Schnellkur: Alles loslassen, was anders werden muss

Haben Sie sich schon einmal bei *dem* klassischen Bedingungs-gedanken ertappt? *Ich bin glücklich, wenn ...* Nehmen Sie sich die Zeit, über all das nachzudenken, was Sie Ihrer Meinung nach erst ändern, reparieren oder verbessern müssen, bevor Sie wirklich glücklich sein und Ihre innere Ruhe genießen kön-nen – seien es Ihr Job, eine Beziehung, die Finanzen, die Hei-lung eines körperlichen Leidens oder etwas anderes. Notieren Sie jeden Grund, der Ihnen einfällt, warum Sie sich nicht jetzt schon entspannen und ruhig werden können.

> *Wenn Sie mit einem Bereich Ihres Lebens*
> *unzufrieden sind, ist die Wahrscheinlichkeit groß,*
> *dass Sie dort an eine bestimmte Bedingung*
> *gebunden sind.*

Sobald Sie alle Gründe gesammelt haben, beobachten Sie, was passiert, wenn Sie sich diese neugierige Frage stellen: *Was ge-schieht in mir, wenn ich das Bedürfnis loslasse, dass dies anders sein muss, als es jetzt ist?* Fragen Sie sich das in Bezug auf einen oder mehrere Punkte auf Ihrer Liste. Dann spüren Sie nach, wie Sie sich fühlen, wenn diese Dinge nicht mehr geändert, verbessert oder vervollkommnet werden müssen. Denken Sie daran: Ich sage nicht, dass Sie nicht hier und da Schritte unter-nehmen dürfen, um etwas zu verbessern – mir ist nur am wich-tigsten, wie Sie sich jetzt, in diesem Augenblick, fühlen. **Was passiert, wenn Sie loslassen?**

Wenn ich meine Coachingklienten und Kurs- oder Seminar-teilnehmer zu dieser Übung einlade, beobachte ich immer wie-der dieselbe Verwandlung. Die üblichen Antworten lauten: «Ich spüre Erleichterung», «Ich bin ruhig», «Ich fühle mich be-freit», außerdem noch eine ganze Reihe anderer schöner Erfahrungen. Was geht in Ihnen vor, wenn Sie es wagen, zufrieden zu sein? Ich schreibe deshalb «wagen», weil ich weiß, dass gemeinhin die meisten Menschen die Dinge nicht so belassen wollen, wie sie sind. Ihr Mind macht vermutlich eine Zeitlang Rabatz, dass Sie zuerst dieses und jenes verbessern müssen. Er flüstert Ihnen womöglich ein, dass ich doch keine Ahnung habe, wie schlimm Sie dran sind oder Ähnliches. Aber wenn Sie bereit sind, den Mut aufzubringen, diesen Augenblick gut genug sein lassen, und zwar genau so, wie er ist, bin ich wirklich neugierig auf das, was in Ihnen vorgehen wird.

Heimliche Ursache 4: Die Zeitfalle

Zeit ist eine der wichtigsten verdeckten Ursachen dafür, dass der Mind in die Falle geht. Immer, wenn Sie denken, befinden Sie sich in einer erfundenen Geschichte über etwas, das mit der Vergangenheit oder Zukunft zu tun hat. Sie denken entweder an etwas, das in der Vergangenheit passiert ist, scheinbar jetzt passiert oder in der Zukunft passieren könnte. Da es eine endlose Anzahl von Szenarien gibt, in denen Sie sich verlieren können, können Sie unabsichtlich Jahre darauf verschwenden, in der Zeitfalle festzustecken.

Wenn Sie in die Vergangenheit eintauchen, haben Sie die Wahl unter Millionen Erinnerungen – wenn Sie weit genug zurückgehen. Kein Wunder, dass Ihr Mind durcheinanderkommt, wenn Sie regelmäßig in Erinnerungen schwelgen. Und wenn Sie an Reinkarnation glauben, wühlen Sie sich am Ende durch Erinnerungen aus einem unerschöpflichen Vorrat an verschiedenen Leben. Und was die Zeitfalle noch verschärft: Dann gibt es ja noch die Zukunft, mit der Sie sich auseinandersetzen müssen – was einen endlosen Strom an möglichen Szenarien mit sich bringt, in denen sich der Mind verwickeln kann. Und die ganze Zeit verpasst er den gegenwärtigen Augenblick. Die Zeitfalle macht, wenn sie unentdeckt bleibt, innere Ruhe nahezu unmöglich.

Hör auf zu denken und wach auf!

Schon darüber nachzudenken, was gerade jetzt passiert, ist eine subtile Zeitfalle. Unglaublich, aber all unsere Gedanken drehen sich um die Vergangenheit und die Zukunft. Ja, so ist es: jeder einzelne Gedanke! Gedanken über den gegenwärtigen Augenblick gibt es nicht. All Ihre Gedanken haben die Vergangenheit und die Zukunft zum Gegenstand, was bedeutet, dass Sie, sobald Sie denken, zwangsläufig den Augenblick verpassen, den Sie jetzt erleben.

Obwohl jetzt der einzige Zeitpunkt ist, zu dem etwas passieren kann – was bedeutet, dass Ihre Gedanken ebenfalls jetzt «passieren» –, bezieht sich der *Inhalt* Ihrer Gedanken immer auf die Vergangenheit und die Zukunft. Selbst wenn Sie versuchen, über das nachzudenken, was jetzt passiert, ist der Augenblick stets schon vorüber, bevor Ihr Mind verarbeiten kann, was passiert. Wenn Sie innere Ruhe genießen und die Realität wirklich in all ihrer Herrlichkeit erleben wollen, müssen Sie bereit sein zu erkennen, wann Sie das Jetzt verlassen haben und in eine erfundene Geschichte in Ihrem Mind eingetaucht sind. Sonst laufen Sie Gefahr, Ihre gesamte Zeit in Ihrem Mind zu verbringen.

Zeit und der Drang, zu viel zu denken

Es gibt einen direkten Zusammenhang zwischen der Überzeugung, dass Vergangenheit und Zukunft bestimmend für den Grad an Frieden, Glück, Liebe und Erfolg sind, und dem Drang, zu viel zu denken. Wenn Sie glauben, Sie müssten alles «Schlimme», was bisher in Ihrem Leben geschehen ist, auflösen, dann fühlen Sie sich gezwungen, lang und breit über Erinnerungen aus der Vergangenheit nachzugrübeln. Wenn Sie glauben, dass es in Zukunft erst besser werden muss, damit Sie sich gut fühlen können, ist es ganz ähnlich: Wieder meinen Sie, Ihren Mind mit Gedanken über die Zukunft auf Trab halten zu müssen und zum Beispiel zu denken:

- Was, wenn mir das Geld ausgeht?
- Was, wenn mein Körper nie mehr heil wird?
- Was, wenn ich nie einen passenden Partner treffen werde?
- Was, wenn ich für immer an diesem Menschen hängenbleibe?

Denken Sie daran: Wir bekommen jedes Mal ein Problem, wenn wir das, «was ist», bewerten und uns dagegen wehren. Sobald Sie in die Vergangenheit oder in die Zukunft gehen, bieten sich Ihrem Mind unendliche Gelegenheiten, das, was in der Vergangenheit geschehen ist oder in der Zukunft geschehen könnte, zu bewerten und sich dagegen zu wehren. Sie können dann in der Bewertung und im Widerstand gegen erfundene künftige Eventualitäten, die noch nicht einmal eingetreten sind, feststecken. Was für eine Zeitverschwendung! Wenn Sie innere Ruhe erlangen wollen, ist es entscheidend zu akzeptieren, dass das, was auch immer in Ihrer Vergangenheit geschehen ist und in Ihrer Zukunft passieren wird, keinen Einfluss auf das aktuelle Ausmaß an Ruhe in Ihnen haben muss.

Der einzige Zeitpunkt, zu dem Sie innere Ruhe erfahren können, ist jetzt.

Wenn Sie lernen, ganz im Hier und Jetzt zu sein, indem Sie den inneren Speicher an Herzensgüte anzapfen, der Ihrer aktuellen bewussten Achtsamkeit innewohnt, schwindet auf ganz natürliche Weise die Verlockung, Ihr ruhiges Bewusstsein zu verlassen und sich in eine erfundene Geschichte in Ihrem Mind zu begeben. Sie sehen ganz deutlich, dass jetzt der einzige Augenblick ist, in dem Sie jemals Klarheit, Zufriedenheit und Verbundenheit erleben können. Wenn Sie das jetzt hinter sich lassen, fühlt sich das schal an im Vergleich zu der Lebendigkeit des überwältigenden Augenblicks, in dem Sie sich stets befinden.

Schnellkur: Wirklichkeitscheck

Wenn Sie der Zeitfalle entkommen wollen, gehört auch dazu, dass Sie Ihre Aufmerksamkeit dem Jetzt zuwenden. Ich werde Ihnen noch viele Methoden dafür zeigen, aber eine der einfachsten besteht darin, einen «Wirklichkeitscheck» durchzuführen, wie ich es nenne.

Genau jetzt, während Sie diese Worte lesen, halten Sie einen Augenblick inne, um zur Kenntnis zu nehmen, was Sie sehen – Farben, Formen, Gegenstände etc. Nun achten Sie darauf, was Sie hören. Noch besser ist es, wenn Sie auf ein Geräusch lauschen, das schon die ganze Zeit da ist, das Sie vorher aber nicht bemerkt haben. Welche derartigen Geräusche entdecken Sie in Ihrer unmittelbaren Umgebung? Um sie hören zu können, müssen Sie wirklich aufmerksam und damit präsent sein. Jetzt nehmen Sie zur Kenntnis, was Sie gerade spüren – etwa das Buch (oder das Lesegerät) in Ihrer Hand, den Druck zwischen Ihrem Gesäß und der Sitzfläche oder zwischen Füßen und Boden. Was können Sie genau jetzt riechen oder sogar schmecken? Lassen Sie sich ganz auf diese Erfahrung ein und nehmen Sie hier und jetzt einen Wirklichkeitscheck vor.

Eine Weile lang sollten Sie nichts anderes tun, als nur auf das zu achten, was Ihnen genau jetzt begegnet. Währenddessen bemerken Sie vielleicht, dass Ihr Mind ruhiger wird – vor allem, wenn Sie Ihre ganze Aufmerksamkeit auf das richten, was Sie sehen, hören, fühlen, riechen und schmecken können. Es kann sogar ganz lustig sein zu beobachten, dass Sie Ihre Aufmerksamkeit regelrecht von diesem Augenblick losreißen müssen, wenn Sie wieder zu denken anfangen wollen. Sie werden später noch entdecken, wie wichtig diese Verschiebung der Aufmerksamkeit ist – einstweilen möchte ich diesen Abschnitt mit einigen Worten darüber beschließen, wie Sie mit Zeit leben können, ohne ihr in Ihrem Mind in die Falle zu gehen.

Es wird höchste Zeit

Natürlich müssen Sie Zukunftspläne schmieden, und wenn Sie nie ein Wort über Ihre Vergangenheit verlieren, werden Sie nicht gerade der interessanteste Partygast sein. Ich möchte daher eines klarstellen: Ich sage nicht, dass Sie die Vergangenheit oder Zukunft ignorieren müssen. Wenn Sie sich aber der Zeitfalle nicht bewusst sind, werden Sie sich in Ihrem Mind verlieren, immer und immer wieder und vielleicht sogar für immer! Jedes Mal, wenn Ihr Mind Gedanken über Vergangenheit und Zukunft hervorbringt, werden Sie sich automatisch darauf einlassen, sodass Ihnen innerer Frieden weiter versagt bleiben wird. Mit der Zeit werden Sie lernen, wie Sie über die Vergangenheit und Zukunft sprechen und gleichzeitig mit Ihrer Aufmerksamkeit fest verwurzelt im Hier und Jetzt sein können. Sie werden dabei nicht mehr «in die Zeit gehen», wie Sie das jetzt noch tun. Selbst wenn in der Vergangenheit schlimme Dinge geschehen sind, wird es sich nicht mehr so persönlich oder intensiv emotional anfühlen. Sie werden tief drinnen wissen, dass die Vergangenheit nur eine Erinnerung in Ihrem Mind ist. Dass weder Vergangenheit noch Zukunft in diesem Moment stattfinden und dass es sicher und klarer ist, sie dort zu lassen, wo sie hingehören, und das Beste aus diesem brandneuen Augenblick zu machen, der vor potenziellem Frieden nur so strotzt.

Zusammenfassung: Die vier heimlichen Ursachen

Bewertungsspiel
Die Bewertung von Dingen als schlecht, negativ, falsch oder schlimmer führt zu Problemen, und der Mind wird aktiv, indem er versucht, Lösungen für diese Probleme zu finden.

Mit Gegenwehr dauert es länger
Widerstand gegen wahrgenommene Probleme führt zu Stress und Leiden. Immer, wenn Sie sich schlecht fühlen, wird Ihr Mind aktiv und versucht zu verstehen, warum Sie sich so fühlen und wie sich die Situation beheben, ändern und verbessern lässt, damit Sie sich wieder gut fühlen.

Die Bedingungsfalle
Die Überzeugung, dass X, Y oder Z eintreten muss, damit Sie sich gut fühlen und Erfolg haben können, mündet in einen unruhigen Mind, der ständig darüber nachgrübelt, wie Sie bekommen können, was Sie zu brauchen meinen.

Die Zeitfalle
Die Überzeugung, dass Ihre Vergangenheit und Zukunft über den Frieden, das Glück, die Liebe und den Erfolg in der jetzigen Situation bestimmen, motiviert Ihren Mind, viele Gedanken darauf zu verwenden, was geschehen ist oder noch geschehen könnte.

Offen fürs Loslassen sein

Können Sie mit einer dieser verdeckten Ursachen etwas anfangen? Es ist meine Hoffnung, dass dieses Kapitel Ihnen die
Augen geöffnet hat. Das nächste Mal, wenn Ihr Mind eines
dieser Spiele zu spielen beginnt, werden Sie es merken und
nicht mehr seine Mätzchen mitmachen. Sie werden sehen: Je
weniger Sie den Mind einspannen, desto weniger aktiv wird er
werden.

Was aber am wichtigsten ist: Sobald Sie die verdeckten Ursachen eines unruhigen Minds erkennen, fällt es Ihnen leichter, das Funktionieren Ihres Minds zu sehen und sich nicht in
seinen inneren Prozessen zu verlieren. Wenn Sie offen dafür
sind, den Mind loszulassen, sobald Sie eine dieser verdeckten
Ursachen erkennen, werden Sie von den großen Vorzügen von
Mind Calm profitieren können, die ich Ihnen im nächsten
Kapitel vorstellen werde.

Kapitel 2

MIND CALM UND
SEIN GROSSER NUTZEN

Von Meditation kann jeder profitieren, der ihr eine gewisse Priorität einräumt und sie regelmäßig praktiziert. In den letzten Jahren habe ich Menschen mit jedem erdenklichen Background unterrichtet und nicht einen einzigen getroffen, der am Ende nicht vom Erlernen einer Meditationsform profitiert hätte.

Es ist ein wunderbares Geschenk, das Sie sich selbst machen können, nämlich einen Schritt herauszutreten aus dem Zirkus der täglichen Pflichten, eine Pause beim Grübeln über das Richtig und Falsch des Lebens einzulegen und sich regelmäßige Auszeiten zu nehmen, um die Augen zu schließen und Ruhe zu genießen. Nach und nach erleben Meditierende weniger Stress, eine bessere Gesundheit, innere Ruhe, Klarheit und Kreativität, mehr liebevolle Beziehungen und sogar größere Leistungsfähigkeit.

Eine verblüffende Beobachtung
Obwohl Meditation einen so großen Nutzen hat, ist es doch ziemlich bemerkenswert, dass so wenige Menschen sie tatsächlich praktizieren. Ich lehre Meditation überall auf der Welt

und bin immer wieder fasziniert zu hören, aus welchen Gründen die Leute eigenem Bekunden nach nicht meditieren:

- Ich kann das nicht.
- Es ist schwierig.
- Es langweilt mich.
- Ich habe nicht die Zeit dazu.
- Ich schlafe immer dabei ein.
- Es macht mir Angst.
- Das ist mir zu religiös.
- Das ist Teufelszeug. (Ehrlich, das wurde mir auch schon gesagt!)
- Das ist doch nur was für Leute, die Bäume umarmen.

Die Liste ließe sich beliebig fortsetzen ...

Können Sie einen oder mehrere dieser Gründe nachvollziehen? Falls ja, bin ich zuversichtlich, dass Sie bei der weiteren Lektüre erkennen werden, wie falsch sie sind. Außerdem ist es das Ziel dieses Kapitels – neben dem Entkräften der Argumente, die vermeintlich gegen Meditation sprechen –, Ihnen einige der großen Vorzüge zu beschreiben, die Ihnen eine regelmäßige Meditationspraxis bringen wird: damit Sie motivierter sind, mit Hilfe der Mind-Calm-Techniken zu meditieren, die Sie noch kennenlernen werden.

Der zehnfache Nutzen von Meditation

Nutzen 1: Vom Stress zur Gelassenheit
Stellen Sie sich eine Badewanne mit einer Dusche darüber vor. Den ganzen Tag lang läuft das Wasser und füllt die Wanne. In diesem Bild ist die Badewanne Ihr Körper-Mind-System, und das Wasser ist Stress. Wenn Sie den ganzen Tag lang nicht me-

ditieren, wird sich die Badewanne (Ihr Körper-Mind-System) mit dem laufenden Wasser (Stress) füllen. Bei einigen Menschen spielt sich dieses stresserfüllte Szenario tagein, tagaus ab, jahrzehntelang. Meditation mit geschlossenen Augen ist damit zu vergleichen, den Stöpsel aus der Badewanne zu ziehen und das Wasser (den Stress) abfließen zu lassen. Wenn Sie meditieren und die Mind-Calm-Techniken anwenden, die ich Ihnen noch zeigen werde, kann der Stress auch aus Ihrem Körper abfließen. Dies ist ein vollkommen natürlicher Prozess, genauso wie die Neigung des Körpers, beim Ruhen die Gelegenheit zu nutzen, aufgestauten Stress loszulassen.

Wenn dies mit Meditation bei geöffneten Augen während des ganzen Tages kombiniert wird, ist es, als würden Sie den Wasserfluss verlangsamen. Indem Sie sich in einem eher meditativen Bewusstseinszustand auf das Leben einlassen, legen Sie sich eine Art Teflon-Schutzschicht zu, und weniger Stress bleibt an Ihnen haften. In der Folge sammelt sich auch weniger Stress an. Wie Sie noch sehen werden, kann Meditation mit offenen und geschlossenen Augen – in Kombination – eine große Rolle dabei spielen, Stress zu reduzieren, der Ihren Körper schädigt, und Ihnen gesteigerte Gelassenheit und Wohlbefinden zu verschaffen.

Nutzen 2: Einschlafen ohne Schäfchenzählen

Vor dem Schlafengehen zu meditieren kann Ihnen helfen, tiefer zu schlafen und sich besser zu erholen. Ich persönlich brauchte früher meine acht Stunden Schlaf pro Nacht, wenn ich sie nicht bekam, war ich am nächsten Tag total erschöpft. Heute jedoch meditiere ich auch im Tagesverlauf immer wieder mit offenen Augen (siehe «Calm-Momente» ab S. 123) und abends vor dem Schlafengehen. Dank dieser wirkungsvollen Kombination brauche ich nicht mehr so viele Stunden Schlaf wie früher, um voller Energie in den nächsten Tag zu starten. Dies ist eine großartige Methode, um Zeit zu sparen und während des Tages mehr zu erledigen; und zusätzlich hat sich auch mein Verhältnis zum Schlaf verbessert.

Vorher, wenn ich nicht müde war oder nicht einschlafen konnte, lag ich wach und machte mir Sorgen darüber, wie erschöpft ich am nächsten Tag sein würde. Jetzt weiß ich, dass mein Körper und mein Mind sich bei der Meditation in beträchtlichem Maße erholen, und so liege ich meditierend im Bett. Manchmal schlafe ich darüber ein, und ein andermal meditiere ich erstaunlich klar und ruhig. Gleichgültig, was passiert, das Wissen darum, dass sich durch Meditation mein Körper und mein Mind erholen, hat mich von dem ständigen Nachdenken darüber befreit, ob ich genug Schlaf bekomme oder nicht. Sie brauchen also keine Schäfchen mehr zu zählen, um einschlafen zu können; Sie können mit Hilfe von Meditation ganz sachte in die allerbeste Nachtruhe hinüberdriften.

Nutzen 3: Hilfestellung bei der Heilung

Tausenden von Jahre lang haben die alten Zivilisationen zwei der erprobtesten Strategien zur Unterstützung körperlicher Heilungsprozesse angewandt; sie wurden inzwischen von der Wissenschaft wiederentdeckt und werden mit schöner Regelmäßigkeit auch von modernen Schulmedizinern empfohlen:

1. Reduziere Stress.
2. Lege längere Erholungsphasen ein.

Dies sind zugleich, wie Sie gerade erfahren haben, zwei Hauptvorzüge einer regelmäßigen Meditationspraxis. Bei einem Arztbesuch mögen Sie eine Diagnose gestellt oder ein Medikament verschrieben bekommen, aber noch öfter werden Sie den

Rat hören, nach Hause zu gehen und «sich auszuruhen». Das liegt daran, dass der Körper am besten heilt, wenn er sich im Ruhezustand befindet.

Chronischer Stress kann dazu führen, dass Sie in einem dauerhaften Kampf-Flucht-Zustand leben. In dieser Verfassung läuft die Aufnahme, Verdauung und Ausscheidung von Nahrung nicht optimal ab, ebenso wenig wie andere Wartungs- oder Reparaturprozesse, die der Körper regelmäßig im Ruhezustand oder im Schlaf durchführt. Wenn Sie sich Auszeiten für die Meditation nehmen, verbessern Sie die Funktionsweise Ihres Körpers ganz erheblich, stärken Ihr Immunsystem und unterstützen die Heilung jeder körperlichen Störung.

Nutzen 4: Ruhe und Zufriedenheit

Angst, Unbehagen und Unzufriedenheit sind die üblichen Begleiterscheinungen eines unruhigen Minds, und wie Sie bereits herausgefunden haben, ist Widerstand gegen das Leben eine der heimlichen Ursachen für jede nur denkbare negative Emotion. Meditation kann Ihnen helfen, sich über den Widerstand zu erheben und eine gesündere Haltung der Akzeptanz anzunehmen. Durch regelmäßige Übung lernen Sie, den Drang loszulassen, alles reparieren, ändern, verbessern, steuern und manipulieren zu müssen – je nachdem, wie die Dinge der Meinung Ihres Minds nach sein müssen, damit sie in Ordnung für Sie sind. Sie beginnen festzustellen, dass Sie Dinge so sein lassen können, wie sie sind. Sie können ändern, was Sie möchten, aber Sie müssen sich nicht gegen das Leben stemmen, müssen nicht ausflippen, wenn es nicht so läuft, wie Sie wollen, und Ihre Meinungen nicht mehr anderen oder dem Leben aufzwingen. Sie lernen letztlich durch Ihre Erfahrung, dass sich umso mehr Frieden auf natürliche Art und Weise einstellt, je weniger Sie sich gegen das Leben wehren. Es wird zur ersten Wahl, die Dinge loszulassen.

Zufriedenheit ist ebenfalls ein weit verbreitetes «Nebenprodukt» der Abkehr vom Widerstand. Sie entdecken, dass sich immer dann Unzufriedenheit einstellt, wenn Sie ein Haar in der Suppe finden und den aktuellen Augenblick in die eine oder andere Richtung verändern wollen. Sie erkennen, dass sich Unzufriedenheit in Ihr Leben einschleicht, wenn Sie sich zu sehr auf die Kluft zwischen dem Zustand konzentrieren, in dem Sie sich jetzt befinden, und jenem, in dem Sie stattdessen lieber wären. Dank Meditation werden Sie zu schätzen lernen, was Sie bereits haben, und sind demzufolge zufriedener damit, wie es jetzt gerade ist.

Nutzen 5: Bedingungsloses Selbstvertrauen
Ein geringes Selbstwertgefühl und mangelndes Selbstvertrauen ergeben sich oft daraus, dass man den Meinungen des eigenen Minds und anderer Leute zu viel Gewicht beimisst. Menschen, die zu wenig Selbstvertrauen haben, vergleichen sich allzu häufig mit anderen, mäkeln an ihrer aktuellen Lebenssituation herum und wünschen sich, sie wären anders oder besser.

Meditation hilft Ihnen, nicht mehr auf die eigensinnige Stimme in Ihrem Kopf zu hören. Sie sind nicht mehr darauf angewiesen und warten auch nicht mehr darauf, dass Ihr Mind Ihnen sagt, wann Sie gut genug sind. Stattdessen akzeptieren Sie den Menschen, der Sie jetzt gerade sind – mit allen Fehlern und Mängeln. Während Sie lernen, sich bedingungslos anzunehmen, lassen Sie alle Wenn-dann-Konzepte los: *Ich bin gut genug und liebenswert, wenn X, Y oder Z eingetreten sind ...* Naturgemäß wird Ihre Selbstliebe zusammen mit Ihrem Selbstvertrauen und dem Glauben an Ihre Fähigkeiten wachsen.

Außerdem entdecken Sie zu Ihrer eigenen Freude, dass – während Sie lernen, mehr in der freundlichen, aber kraftvollen, beständigen Präsenz Ihrer selbst zu ruhen – die Essenz und direkte Erfahrung Ihrer selbst die Liebe ist. Diese Liebe geht über den Mind hinaus und damit auch über jede Bedingung. Es ist eine schöne, friedvolle Ruhe, die in Ihnen wohnt – in jedem von uns, und zwar unabhängig von der Körperform oder dem Gewicht, dem beruflichen Erfolg oder jedem anderen äußeren Messwert, an dem Sie bisher abgelesen haben, ob Sie gut genug waren, geliebt zu werden. Sie wissen tief innen, dass Sie gut genug sind, und die Meditation wird Ihnen diese unbestreitbare Wahrheit ein für alle Mal offenbaren.

Nutzen 6: Zutiefst liebevolle Beziehungen
Wie innen, so außen: Je freundlicher, verständnis- und liebevoller Sie sich selbst gegenüber sind, desto natürlicher projizieren Sie Ihr inneres Erleben nach außen und werden freundlicher, verständnis- und liebevoller auch den anderen Menschen in Ihrem Leben gegenüber.

Bis Sie die Liebe in sich selbst finden, kann sie allen Beziehungen, vor allem den innigsten, enormen Druck aufbürden. Wenn die andere Person die Quelle Ihrer Liebe ist, dann muss sie sich auf eine bestimmte Art verhalten, damit Sie sich geliebt fühlen. Sie klammern sich womöglich an sie. Wenn diese Person geht, geht für sie auch die Liebe. Solche abhängigen Beziehungen sind von Angst beherrscht. Eine oder beide Parteien fürchten, dass der andere gehen und die Liebe mitnehmen könnte. «Ich liebe dich» wird oft gesagt, jedoch nicht als Ausdruck einer vom Herzen kommenden Liebe, sondern als verdeckter Wunsch, es ebenfalls gesagt zu bekommen.

Beziehungen sind der ultimative Spiegel. Je weniger Sie sich selbst kritisieren, desto weniger müssen Sie andere kritisieren.

Je weniger Sie sich selbst bewerten, desto weniger bewerten Sie andere. Je mehr Harmonie Sie in sich selbst finden, desto mehr Harmonie finden Sie in Ihren Beziehungen. Je mehr innere Ruhe Sie haben, desto weniger müssen Sie andere Menschen in Ihrem Leben verändern, ändern und kontrollieren, damit sie zu Ihren Vorstellungen, Erwartungen und auf Angst gründenden Bedürfnissen passen. Sie brauchen niemanden mehr, der Sie «vollständig macht», weil Sie sich selbst als vollständigen Menschen erleben, dem nichts fehlt.

Meditation kann ebenfalls dafür sorgen, dass die alten, vom Mind ersonnenen Konstrukte des Getrenntseins und des Dualismus wegfallen und die Erfahrung des Einsseins möglich machen. Sie begreifen, dass Sie sich in Wirklichkeit selbst schaden, wenn Sie einem anderen schaden. Je vertrauter Sie mit sich (der liebevollen Präsenz Ihrer selbst) werden, desto vertrautere und liebevollere Beziehungen erleben Sie mit anderen.

Nutzen 7: Leben in diesem herrlichen Moment

Es gibt keinen Gedanken über den gegenwärtigen Augenblick. Wenn Sie in Ihrem Mind verloren gehen, treibt Sie das in die Zeitfalle. Am Ende denken Sie über die Vergangenheit und Zukunft nach und verpassen den herrlichen Moment, in dem Sie sich jetzt gerade befinden. Aber wenn die Verlockung abnimmt, sich auf Gedanken und Denken einzulassen, nehmen Sie ganz von selbst das Jetzt wahr. Je bewusster und achtsamer Sie werden, desto eher bringen Sie sich in Einklang mit Ihrem wahren Selbst, das ja immer präsent ist. Noch besser: Sie erkennen, dass Sie, wenn Sie sich des Jetzt in Achtsamkeit bewusst sind, naturgemäß in den Zustand der inneren Ruhe kommen, die immer in Ihnen ist.

Denken führt Sie in die Vergangenheit und Zukunft.
Meditation führt Sie zurück ins Hier und Jetzt.

Nutzen 8: Grübelei mit Stumpf und Stiel ausmerzen

Mit der Zeit werden Sie – vielleicht ironischerweise – sehen, dass es viel belebender und reizvoller ist, präsent zu sein, als sich in den erfundenen Geschichten des Minds zu verstricken. Sie werden sehen, dass Sie die bemerkenswerte Realität des Jetzt verpassen, wenn Sie zu viel denken, und sich in Widerstand, Werturteilen, Bedingungen, Vergangenheit und Zukunft verirren. Und was noch wichtiger ist: Wenn Sie den Versuch beenden, alle Leiden des Lebens zu heilen, sind Sie in der Lage, das Leben zu genießen, und Heilung folgt von selbst.

Eines der Ziele von Meditation besteht darin, fähig zu werden, mit dem Denken aufzuhören und zur Achtsamkeit im gegenwärtigen Augenblick zurückzukehren. Wenn Sie regelmäßig meditieren, stellen Sie vielleicht am Anfang fest, dass Sie weiter vom Gedankenstrudel des Minds mitgerissen werden – aber mit etwas Erfahrung werden Sie seiner Geschichten überdrüssig, und Ihre Gewohnheit, seine Dramen ernst zu nehmen, schwindet von selbst.

Obwohl Sie womöglich glauben, dass die Heldentaten des Minds bisher Ihrem Leben einen Sinn gegeben haben, stellen Sie fest, dass es sogar noch sinnvoller und magischer wird, wenn Sie aus dem pausenlosen Denkmarathon ausgestiegen sind. Wenn Sie sich auf die Gegenwart eingestimmt haben, können Sie das Leben mit ruhigem und klarem, achtsamem Bewusstsein angehen. Natürlich werden Sie von Zeit zu Zeit gewohnheitsmäßig wieder ins Denken verfallen, aber wenn Sie erkennen, dass Sie sich in Ihrem Mind verstrickt hatten, dann wird es ganz klar zur ersten Wahl, hier und jetzt und bewusst zu sein und Ihre Zeit nicht damit zu verschwenden, über Probleme und Szenarios zu brüten, die Ihr Mind erfunden hat.

Nutzen 9: Ihr Bestes geben

Mind Calm macht Sie produktiver, sodass Sie Bestleistungen erbringen. Wenn Sie aber zu viel grübeln, lenkt Sie das am Ende von der anstehenden Aufgabe ab, die lange To-do-Liste stresst Sie, und Ihnen fehlt der Freiraum zu kreativen Entscheidungen und geeigneten Maßnahmen. Präsent bei klarem Geist zu sein erlaubt Ihnen, Ihre gesamte Aufmerksamkeit dem zu widmen, woran Sie gerade arbeiten, und, wenn Sie damit fertig sind, es in der Vergangenheit zu lassen, um mit der nächsten Aufgabe fortzufahren und danach der nächsten. Unabhängig von der Arbeitsbelastung entsteht wenig Stress, wenn Sie so arbeiten, denn das Leben wird erst dann stressig, wenn Sie das Jetzt verlassen und über all die anderen Dinge nachzudenken beginnen, die noch erledigt werden müssen.

Die Wirklichkeit sieht so aus: Sie können immer nur sehr wenig in dem unmittelbaren Moment tun, in dem Sie sich befinden. Zum Beispiel können Sie gerade jetzt nur das Wort lesen, das Sie vor Augen haben. Wenn Sie aber ins Grübeln geraten, woher Sie die Zeit nehmen sollen, das Buch zu Ende zu lesen, lenkt Sie das nicht nur ab – es erfüllt die Reise zu Ihrem Ziel auch mit Stress. Indem Sie dem, was Sie jetzt tun, Ihre vollste, ungeteilte Aufmerksamkeit schenken, schaffen Sie mehr und mit viel besserem Ergebnis. Und nicht nur das: Sie werden erfreut feststellen, dass Sie selbst angesichts hoher Anforderungen die ganze Zeit ruhig und konzentriert bleiben.

Nutzen 10: Befreiung von Einschränkungen

Zu guter Letzt führt Meditation zu einer freieren Lebensweise. Mühelos erkennen Sie, dass Sie Ihre Gedanken, Ihre Emotionen, Ihren Körper und Ihr Leben nicht kontrollieren müssen, um Frieden, Liebe, Freude und Erfüllung zu erlangen, so wie Sie sie sich wünschen. Tatsächlich geht Ihnen auf, dass die beste Methode, all diese wunderbaren Gemütszustände zu genießen, darin besteht, die Kontrolle aufzugeben und mit dem Fluss zu gehen. Sie können noch immer viel fertigbringen und alle Veränderungen herbeiführen, die Sie sich wünschen, aber Sie wehren sich weniger gegen das Leben und lassen sich nicht mehr auf das kopflastige, bewertende Denken ein, das Sie früher davon abgehalten hat, sich gut zu fühlen.

Die Anhaftung an Bedingungen fällt weg, denn Ihr Leben muss nicht mehr so und so sein, damit Sie glücklich werden können. Ihr Mind hat weniger Brennstoff zum Nähren des Denkfeuers; stattdessen empfinden Sie Ehrfurcht und Staunen vor dem gegenwärtigen Augenblick, denn er enthüllt ein inneres Gefühl der Freiheit, das ungeheuer erfüllend ist.

Zusammenfassung:
Der zehnfache Nutzen von Meditation

1. Vom Stress zur Gelassenheit
2. Einschlafen ohne Schäfchenzählen
3. Hilfestellung bei der Heilung
4. Ruhe und Zufriedenheit
5. Bedingungsloses Selbstvertrauen
6. Zutiefst liebevolle Beziehungen
7. Leben in diesem herrlichen Moment
8. Grübelei mit Stumpf und Stiel ausmerzen
9. Ihr Bestes geben
10. Befreiung von Einschränkungen

Kapitel 3

WAS SIE SICH WÜNSCHEN, TRAGEN SIE SCHON IN SICH

Was wünschen Sie sich mehr als alles andere? Sie haben sich nun über den möglichen Nutzen des Meditierens informiert: Gibt es einen oder mehrere Vorteile darunter, die Sie sich dringend wünschen? Ich kann nicht nachdrücklich genug betonen, von welch lebensverändernder Bedeutung es für Sie ist, sich Klarheit über die größte Hoffnung Ihres Herzens zu verschaffen. Wenn Sie die Antwort auf die oben gestellte Frage nicht kennen, kann das damit enden, dass Sie eine Unmenge Zeit, Energie und Mühe mit der Suche nach dem verschwenden, was Sie sich wünschen, und zwar an Orten, wo es niemals zu finden sein wird.

Wenn Sie sich über den wichtigsten Nutzen, den Sie durch Meditieren erzielen können, klarwerden, steigern sich Ihre Motivation und Ihr Einsatz. Dann werden Sie sich auch für die wirksamste Strategie entscheiden, mit der Sie auf die größte Hoffnung Ihres Herzens hinarbeiten können, anstatt nur das Beste zu hoffen und sich abzumühen. Kombiniert ergeben der Einsatz, die Motivation und Strategie eine Formel, durch deren Umsetzung der Erfolg sich unausweichlich einstellt.

WERDEN SIE SICH JETZT ÜBER EINES KLAR:
Wenn Sie einen Zauberstab besäßen und
sich jeden Wunsch erfüllen könnten, was würden
Sie sich wünschen?

Ich habe diese Frage schon Tausenden Menschen überall auf der Welt gestellt und fasziniert beobachtet, dass dieselben Antworten immer und immer wieder kommen:

- Frieden
- Glück
- Zufriedenheit
- Wahrheit
- Freude
- Selbstvertrauen
- Liebe
- Freiheit.

Der Unterschied zwischen Was und Wie

Gelegentlich sagen manche Menschen zunächst, sie wünschten sich mehr Geld oder eine bessere Gesundheit. Interessanterweise liegt diesen Antworten, wenn man nachbohrt, die Überzeugung zugrunde, dass Dinge wie Geld oder Gesundheit die Befragten glücklicher, friedvoller oder beliebter machen. Woraus sich ableiten lässt, dass diese Menschen sich unterm Strich eigentlich Frieden, Liebe oder Glück oder eine andere positive Gemütsverfassung wünschen.

Wer Geld oder Gesundheit als Wunsch angibt, konzentriert sich normalerweise mehr darauf, **wie** er bekommen kann, was er haben möchte, als darauf, **was** er eigentlich haben möchte. Sehen Sie den Unterschied? Die Verlagerung der Konzentration vom Wie auf das Was kann den Unterschied ausmachen zwischen der Hoffnung, sich *eines Tages* gut zu fühlen, und der Freude über das, was man *jetzt* schon hat.

Was wünschen Sie sich also mehr als alles andere?

Klarheit darüber zu gewinnen, dass das, was Sie sich wünschen, eine innere Erfahrung ist und nichts Äußerliches wie Geld, der perfekte Partner oder eine Nobelkarosse, ist ebenso eine befreiende Erkenntnis, denn die meisten Menschen verstehen nun endlich, warum sie es bis jetzt nicht bekommen haben.

Im Außen nach inneren Erfahrungen suchen

Beim Streben nach Frieden, Glück, Liebe und anderen angenehmen Gemütsverfassungen ist es in der heutigen, medienbestimmten Welt leicht, dem Irrglauben ins Netz zu gehen, diese inneren Erfahrungen seien das Ergebnis einer Veränderung, Verbesserung und Vervollkommnung unseres Körpers oder unserer Lebensumstände. Außerhalb Ihrer selbst nach positiven inneren Erfahrungen zu suchen verzögert den Frieden, erzeugt Unzufriedenheit und schränkt die Liebe ein.

> *Das Gefühl, das diese Dinge in Ihnen auslösen könnten, lässt den Wunsch entstehen, sie zu besitzen.*

Wie oft, zum Beispiel, hatten Sie schon folgende Gedanken:

- Ich werde mich entspannen können, wenn ich alles erledigt habe.
- Ich werde die Liebe erfahren, wenn ich meinem Seelenverwandten begegne.

- Ich werde mich erfolgreich fühlen, wenn ich die Beförderung bekomme.

Der Irrglaube, dass Sie ein großes Haus, einen Luxusschlitten, einen prestigeträchtigen Job, ein prallgefülltes Bankkonto, eine hohe soziale Stellung und die richtigen Beziehungen brauchen, ist die Hauptursache für Unglück und Unzufriedenheit auf diesem Planeten. Ja, all das zu haben ist schön und kann das Leben zuweilen etwas einfacher machen, aber um lieber früher als später innere Ruhe genießen zu können, ist es vielleicht an der Zeit, sich mit der Möglichkeit anzufreunden, dass diese äußeren Dinge in keinerlei Zusammenhang damit stehen müssen, wie gut Sie sich innerlich fühlen.

Frieden, Liebe, Glück und Zufriedenheit sind
natürliche Begleiterscheinungen
einer harmonischen Beziehung zum Leben.

Wie bereits erwähnt glaubte ich früher, dass das Auto, das größere Haus, die eine spezielle Beziehung oder was auch immer zu ergattern die Quelle meines Glücks und eine Voraussetzung für meine innere Ruhe sein würde. Doch in Wirklichkeit lebte ich eine Illusion. Die Wahrheit ist, dass wir uns gut fühlen, wenn wir Ziele erreichen, weil es vorübergehend unseren Mind zufriedenstellt, wie die Dinge gerade sind. Die guten Gefühle sind das Ergebnis, dass wir für eine kurze Zeit keine negativen Urteile fällen und gegen den gegenwärtigen Moment keinen Widerstand leisten, weil wir bekommen haben, was wir uns wünschten.

Warten auf das ewige Glück

Gelassenheit aus den äußeren Umständen des Lebens gewinnen zu wollen führt lediglich zu flüchtigen Augenblicken voller Frieden, Liebe oder Glück – denn Beruf, Beziehungen, Finanzen und alle anderen Lebensbereiche befinden sich in einem konstanten Fluss und Wandel. Ja, vielleicht kaufen Sie sich endlich das Auto, das Sie sich schon immer gewünscht haben, und fühlen sich dann gut – aber was, wenn das Nachfolgemodell auf den Markt kommt? Wenn Sie auf den neuen Wagen als Quelle Ihres Glücks gebaut haben, dann ist er nun plötzlich weniger erstrebenswert, und Unzufriedenheit macht sich breit. Oder Sie werden endlich befördert, müssen dann aber zum Beispiel mit der neuen Verantwortung und längeren Arbeitszeiten fertigwerden oder mehr Zeit getrennt von Ihrer Familie verbringen.

Kurz und gut: Es ist eine riskante und oft wirkungslose Strategie, Ihre Hoffnung auf Glück auf äußere Dinge zu setzen, die kommen und gehen. Gibt es also nur Hiobsbotschaften? Müssen Sie all Ihre Ziele fahrenlassen? Auf gar keinen Fall!

Sie sind, was Sie wollen

Die große Neuigkeit ist, dass Ihr Bewusstsein bereits voller Frieden und Liebe ist, außerdem dauerhaft zufrieden und unbeschreiblich brillant. Es ist niemals krank, hat keinen einzigen schlechten Tag, ist nie mangelhaft, regt sich weder auf, noch macht es sich Sorgen oder fürchtet um sein Leben. Es ist erhaben über all das. Es ist erhaben über den Mind, über Emotionen, über den Körper, über Ihre Lebensumstände. Es registriert all das, doch es ist ein ruhiger Gefährte, und Sie können sich bedingungslos darauf verlassen, dass er immer bei Ihnen bleibt, Ihnen die Treue hält und Sie stets daran erinnert, dass alles gut ist. Ja, alles ist sehr gut. Mit Ihnen stimmt alles; Ihr achtsames Bewusstsein ist perfekt, ganz und vollkommen.

Wenn Sie jenen Aspekt an sich entdecken, der bewusst achtsam ist, erleben Sie die Essenz Ihres Seins. Sie sind ein menschliches Wesen durch Ihr Sein, nicht durch Ihr Tun. Es ist so leicht, diese unbestreitbare Wahrheit zu leugnen, sich abzulenken, indem man jede Menge tut, um seinen Mind glücklich zu machen, etwas Frieden zu finden und ein gutes Leben zu haben. So viel Energie, Zeit und Aufmerksamkeit wird in das endlose Streben nach «glücklich bis an ihr seliges Ende» gesteckt. Der Ort jedoch, an den Sie wirklich gelangen wollen, ist das Hier und Jetzt. Der Mensch, der Sie wirklich sein wollen, ist der, der Sie jetzt sind. Man sagt: Zuhause ist, wo das Herz ist. Wenn Sie bewusst achtsam sind, werden Sie ganz von selbst präsent sein, voll aufdrehen und Glanzleistungen in allem vollbringen, was Sie tun.

Klingt gut? Im Wissen, dass Sie nicht länger warten sollten, bis alles besser, repariert, geändert oder vollkommener ist, werden Sie im nächsten Kapitel entdecken, dass das, was Sie sich wünschen, in Ihnen selbst zu finden ist – dann, wenn ich Ihnen eine meiner Lieblingstechniken zeige, wie man zu innerer Ruhe kommt.

Kapitel 4

SCHNELLSTART: KOMMEN SIE
JETZT ZUR INNEREN RUHE

Mind Calm wirkt schneller und leichter, als Sie vielleicht meinen! Denken findet dann statt, wenn Sie in den Gedankenfluss springen, der in Ihrem Mind dahinströmt. Wenn Sie denken, schlafen Sie im Grunde. Sie sind nicht mehr wach für die Wirklichkeit des gegenwärtigen Moments und abgelenkt von einer von Ihrem Mind erfundenen Version Ihrer selbst und Ihres Lebens. Die Gewohnheiten des denkenden Minds bringen es mit sich, dass eine oder mehrere heimliche Ursachen für einen unruhigen Mind aus Kapitel 1 Sie sehr wahrscheinlich im Griff haben. Dadurch werden Sie in die Falle von Werturteilen, Widerstand und/oder unbedingt notwendigen Bedingungen tappen und Ihre Zeit in der Vergangenheit oder Zukunft verbringen.

- Ultimative heimliche Ursache: unbewusstes Denken
- Ultimative Kur für die innere Ruhe: bewusste Achtsamkeit

Je mehr Sie denken, desto mehr sehen Sie sich gezwungen zu denken. So einfach ist das. Je mehr Sie bewerten und sich gegen das Leben wehren, desto mehr sehen Sie sich gezwungen, Lösungen für all die Probleme zu finden, die Ihr Mind heraufbeschworen hat. Solange Sie also immer wieder in unbewusstes Denken verfallen, gewinnt Ihr Mind an dynamischer Kraft, um weiterzudenken. Tragischerweise kann bei manchen Menschen dieser unglückliche Teufelskreis, ständig neue Probleme zu ersinnen, ein ganzes Leben lang anhalten. Sie können sich nie an dem reinen Frieden freuen, der dem bloßen Da-Sein und Wach-Sein im Augenblick durch dauerhafte bewusste Achtsamkeit entspringt. Sie suchen fortwährend nach Frieden, indem sie nach außen hin ihr Leben vervollkommnen, während ihnen auf ewig die innere Ruhe entgeht, die in ihnen existiert. Meine Hoffnung für Sie ist, dass Sie ein für alle Mal dem endlosen Strom unablässigen Denkens ein Ende setzen, indem Sie aktiv mit dem spielen, was ich liebevoll SWAWO nenne.

Sanft wachsam, Aufmerksamkeit weit offen (SWAWO)

Die bei weitem leichteste und rascheste Methode, dem Teufelskreis unablässigen Denkens ein Ende zu setzen und Ihren Mind ruhig zu bekommen, besteht darin, bewusst achtsam zu werden. Wenn Sie bewusst achtsam sind, nehmen Sie ganz von selbst Abstand davon, sich auf den Mind einzulassen, und kehren zurück zu jenem stillen, lautlosen, weiträumigen Aspekt Ihrer selbst, der bereits ruhig ist. Ich werde Ihnen noch sehr viel mehr darüber sagen, aber im Augenblick liegt mein Hauptaugenmerk darauf, dass Sie einfach anfangen, damit zu experimentieren – ganz ohne weitere Vorstellungen, die dieses unschuldige Erlebnis trüben könnten.

> *«Meditation ist aktive Stille.»*
> PARAMAHANSA YOGANANDA

Wenn Sie sich auf SWAWO einlassen, werden Sie von selbst bewusst achtsam. Dabei geschehen wunderbare Dinge. Ihr Mind wird sofort ruhiger oder – darf ich es wagen zu sagen? – still. Unter SWAWO werden Sie bemerken, dass sich keinerlei Gedanken einstellen. Folglich gibt es auch keine Werturteile, nichts, dem man sich widersetzen müsste, keine Bedingung und keine Vorstellung von Zeit. Sie finden genau hier, genau jetzt zu sich selbst, und Sie erfahren ganz natürlich, wie es ist, in einem Zustand von «Her damit! Es ist einfach, wie es ist. Lass los» zu leben. Sie werden erkennen, dass es keinen Grund gibt, nicht ruhig und zufrieden zu sein, während Sie weiterhin eine sanfte Wachsamkeit und weit offene Aufmerksamkeit praktizieren. Klingt gut? Dann los!

So geht SWAWO

Während Sie beim Lesen der folgenden Worte auf diese Seite sehen, entspannen Sie den Blick und erweitern Sie Ihr Gesichtsfeld nach links und rechts. Schauen Sie nicht direkt auf etwas zu Ihrer Linken oder Rechten. Stattdessen nutzen Sie Ihre periphere Sicht einfach dazu, zu registrieren, was sich dort befindet. Sie können es vermutlich nicht ganz klar oder scharf fokussiert sehen, sodass es verschwommen ist. Das ist in Ordnung. Ihre Absicht im Moment ist es, Ihre Aufmerksamkeit sanft weit nach links und rechts zu öffnen, während Sie weiter geradeaus auf die Wörter direkt vor sich schauen.

Dabei achten Sie darauf, wie es ist, Ihre Aufmerksamkeit weit sowohl nach oben als auch nach unten zu öffnen. In Ihrem peripheren Gesichtsfeld sind Sie vielleicht in der Lage, Ihren Schoß und die Farbe der Kleidung wahrzunehmen, die Sie heute tragen. Nach oben erkennen Sie vielleicht den Boden hinter dem Buch und/oder die Wand, die nach oben verläuft und auf die Decke trifft (sofern Sie sich in einem geschlossenen

Raum befinden). Unabhängig davon, wo Sie sind und was Sie sehen, erweitern Sie Ihre Aufmerksamkeit einfach sanft und registrieren Sie, was Sie über und unter der Textseite erkennen. Wie fühlt es sich an, sanft wachsam und weit offener Aufmerksamkeit zu sein? Was geschieht in Ihrem Mind? Geht es unruhig drunter und drüber, oder ist er still und ruhig? Bemerken Sie eine innere Weiträumigkeit oder sogar eine präsente Stille, während Sie genau jetzt SWAWO praktizieren?

Wenn Sie behutsam SWAWO praktizieren,
lösen Sie sich ganz natürlich von Ihrem Mind.

Toptipp: Tun Sie's einfach!

Über SWAWO nachzudenken und SWAWO zu praktizieren sind zwei verschiedene Paar Schuhe mit sehr unterschiedlichen Folgen. SWAWO funktioniert nur, wenn Sie es einfach tun. Vermeiden Sie, zu lange darüber nachzudenken. Springen Sie ins kalte Wasser und beobachten Sie, was dabei in Ihrem Mind, Körper und Bewusstsein vorgeht.

Wie ist es, absolut nichts zu tun, wenn Ihre Aufmerksamkeit weit offen ist, und nur sanfte Wachsamkeit allem gegenüber walten zu lassen, das sich Ihnen genau jetzt zeigen will?

Eine der spannenden Beobachtungen, die Sie machen könnten, besteht darin, dass Sie sich von SWAWO lösen müssen, um wieder zu denken anzufangen. Oder anders ausgedrückt: Indem Sie wieder anfangen zu denken, merken Sie, dass Sie wahrscheinlich gar nicht SWAWO aktiv geübt haben. Darunter fällt auch das Nachdenken darüber, ob SWAWO bei Ihnen funktioniert oder nicht. Achten Sie wachsam auf die fast unmerkliche Verschiebung Ihrer Aufmerksamkeit, eingeschlossen die Neigung des Minds, sich in Bewertungen zu stürzen. Wenn Sie sich dessen nicht bewusst sind, dass Ihr Fokus von SWAWO abschweift, kann es sein, dass Sie sofort wieder im Bewertungsmodus landen und den Schluss ziehen, dass SWAWO nicht funktioniert. Tut es aber. Ich habe festgestellt, dass es bei jedem wirkt, der es so anwendet, wie es ihm beigebracht wurde.

Der erste Schritt beim Meditieren mit Mind Calm

Vielleicht eine der reizvollsten Eigenschaften von Mind Calm ist, dass Sie mit offenen oder geschlossenen Augen üben können. Die Anwendung von Mind Calm beginnen Sie, indem Sie SWAWO praktizieren. Spielen Sie ein bisschen mit SWAWO, während Sie lesen oder zwischendrin, wenn Sie mit anderen Dingen weitermachen. Mind Calm hat mehr zu bieten als SWAWO, aber wenn Sie SWAWO anwenden, ist das schon mal ein guter Schnellstart, um sich Ruhe anzugewöhnen – und es wird das, was Sie noch lernen werden, viel leichter machen.

Ich ♥ SWAWO!

Eine meiner Lieblingsseiten an meiner Arbeit ist es, den Leuten zu zeigen, was passiert, wenn sie sanfte Wachsamkeit mit weit offener Aufmerksamkeit üben. Wenn ich ihnen in die Augen schaue, während sie SWAWO praktizieren, sehe ich Frieden in ihnen entstehen, und ein Lächeln erscheint auf ihrem Gesicht. Es ist ein kostbarer Moment, wenn jemand erkennt, dass er ein Instrument besitzt, mit dem er innerhalb von Augenblicken innere Ruhe erlangen kann, wann immer er das will.

Von Mind Calm zu Mind-Meisterschaft

Zu erfahren, wie sie ihren unruhigen Mind zur Ruhe bringen können, ist oft ein Wendepunkt im Leben vieler Menschen. Meine Hoffnung ist, dass jeder, ob alt oder jung, diese Fähigkeit entwickeln kann. Außerdem wünsche ich mir, dass die Leute auch wahre Mind-Meisterschaft erleben, die darüber hinausgeht, einfach «nur» den Mind zum Schweigen zu bringen. Stattdessen stellt sich Mind-Meisterschaft ein, wenn Sie Ihren Mind in den Dienst nehmen und ihn als das unglaubliche Instrument nutzen, das er ist, um ihn dann wieder loszulassen, sobald Sie zur Ruhe zurückkehren möchten.

Tatsächlich geht es an der Sache vorbei, sich darauf zu konzentrieren, den Mind zum Schweigen zu verdonnern. Das ist keine Beherrschung des Minds – bestenfalls seine Manipulation. Den Mind aufs Abstellgleis schieben zu wollen erfordert oft einen Teil von Ihnen, der sich damit beschäftigt, welches Ihr nächster Gedanke, Ihr nächstes Gefühl sein mag. Einen Teil von Ihnen, der eifrig versucht, den Mind bei Laune zu halten. Dieser Teil von Ihnen ist übrigens ebenfalls Ihr Mind! Der Mind kann Angst vor seinem eigenen Schatten bekommen, während er den ganzen Tag Gedanke über Gedanke hervorbringt. Das ist keine Freiheit – eher so ziemlich das Gegenteil. Welch Verschwendung von Zeit und Energie und welch verpasste Gelegenheit, die ganze Fülle des Menschseins zu erleben. Der Mind kann ein erstaunlicher Verbündeter für Sie sein. Sie können ihn dazu benutzen, für Sie unglaubliche Dinge zu erreichen und unermesslich viel Gutes für andere und diesen Planeten zu tun.

Eine Strategie für ein befreites Leben

Das Ziel ist es, ein befreites Leben zu leben, in dem Sie keinen Bereich der menschlichen Erfahrungswelt mehr verdrängen müssen. Sie wurden mit einem Mind geboren, und er existiert aus guten und nutzbringenden Gründen. Gott (oder wie Sie das Göttliche auch immer nennen wollen) hat nicht die Planeten, die Natur, die Biologie und Ihre Seele so perfekt erschaffen und dann ist ihm die Puste ausgegangen und hat bei Ihrem Mind gepatzt. Nicht, dass Ihr Mind schlecht wäre; Ihre Beziehung zu Ihrem Geist kann allerdings aus der Balance geraten, wenn Sie das ruhige Bewusstsein aus dem Blick verlieren. Getrenntsein ist eine Illusion. Die Vorstellung, einen Mind, einen Körper und eine Seele zu haben, ist nichts weiter als ein geistiges Konstrukt. Nichts ist getrennt – jeder «Teil» von Ihnen existiert innerhalb eines höheren Bewusstseins. Sich gegen Ihren Mind zu wehren bedeutet, eine Seite Ihrer selbst wegzuschieben, die es ebenfalls verdient, vollkommen geliebt zu werden.

Hören Sie auf, Ihren Mind abzulehnen,
als wäre er ein hässliches Entlein.
Entdecken Sie stattdessen den majestätischen Schwan
in Ihrem achtsamen Bewusstsein.

Nützlicher ist es zu lernen, wie Sie sich mit Ihrem Mind anfreunden können, und es hinzunehmen, wenn er mal nicht so gut drauf ist. Bedienen Sie sich seiner, wenn es angezeigt ist, und lassen sie ihn gehen und kehren Sie in die Stille zurück, wenn er seine Arbeit getan hat. Die Pflege einer solchen befreiten, liebevollen und einfallsreichen Beziehung zu Ihrem Mind erfordert eine neue Strategie. Anstatt ihn zu zähmen, sollten Sie ihn so verändern, dass er nur noch positiv ist. Modeln Sie ihn so um, dass er keine unerwünschten Seiten mehr hat, und schicken Sie ihn fort, damit Sie etwas Frieden haben. Ich werde Ihnen nun eine neue Art des Umgangs mit Ihrem Mind zeigen, der Ihr Leben für alle Zeiten besser machen wird.

Kapitel 5

DAS WUNDER DES FRIEDENS MIT IHREM MIND

«Innerer Frieden» ist vielleicht einer der konfusesten Ausdrücke, die heute in etablierten Medien wie auch in spirituellen Kreisen zirkulieren – hauptsächlich geht das zulasten all der wenig hilfreichen Bilder, die er heraufbeschwört, darunter oft Mönche in Kutten im Lotussitz und mit abgeklärtem Gesichtsausdruck. Warum nur so abgeklärt? Leicht vermutet man da, dass sie die Leere des Geistes erreicht haben, frei von jeglichen Gedanken und Emotionen. Inneren Frieden zu finden ist jedoch für viele, die in unserer modernen, aufgeregten Techno-Welt voller Deadlines leben, bestenfalls ein Wunschtraum.

Der Mythos des inneren Friedens

Wie viele Gedanken, schätzen Sie, haben Sie jeden Tag? Da Sie dieses Buch lesen, sind Sie sich wahrscheinlich bereits bewusst, dass die Zahl in die Tausende geht. Obwohl die Schätzungen weit voneinander abweichen, hat der Durchschnittsmensch jeden Tag ungefähr 100 000 Gedanken – etwa einen pro Sekunde. Wow, kein Wunder, dass Sie dieses Buch gekauft haben! Noch beunruhigender ist jedoch, dass ich aufgrund meiner Erfahrungen als Meditationslehrer überall auf der Welt die folgende Schätzung noch für eine Untertreibung halten muss: mindestens die Hälfte dieser Gedanken sind negativer Natur. Und das allein bedeutet schwindelerregende 50 000 negative Gedanken pro Tag.

Ich will mit dieser Behauptung niemanden beleidigen, vor allem nicht all jene, die schon an sich gearbeitet haben, um positiver zu denken. Aber wenn Sie schonungslos ehrlich zu sich sind, werden Sie zugeben, dass ein großer Anteil Ihrer Gedanken nicht hundertprozentig positiv ist. Und das ist auch klar, denn der Mind spielt ständig das Bewertungsspiel – indem er alles, was geschehen ist, gerade geschieht oder vielleicht geschehen wird, in seine selbstgezimmerten Schubladen «Gut» oder «Schlecht», «Positiv» oder «Negativ», «Richtig» oder «Falsch», «Besser» oder «Schlechter» packt. Kein Wunder, dass so viele Menschen immer wieder «negative» Gedanken haben.

Negative Gedanken sind nicht zu vermeiden

Ihr Mind hat den Wunsch, für Ihre Sicherheit zu sorgen und Sie glücklich zu machen, deshalb ist es auch ganz natürlich, dass er sich die schlimmstmöglichen Szenarien ausmalt, die sich einstellen könnten. Er tut das in Ihrem ureigensten Interesse. Hauptsächlich, damit Sie sich auf alle negativen Eventualitäten vorbereiten können.

Negativen Gedanken liegt in Wirklichkeit
eine positive Absicht zugrunde.

Wenn man die genannten Fakten und Zahlen berücksichtigt, die sich auf Gedanken und Mechanismen des Minds beziehen, wird das Bestreben, nur noch «positiv zu denken», zu einem gigantischen und womöglich nicht umsetzbaren Unterfangen.

Wenn Sie also versucht haben, die Kunst des positiven Denkens zu erlernen und noch immer negative Gedanken in Ihnen auftauchen, seien Sie nachsichtig mit sich selbst. Sie sind kein Versager als Mensch, wenn Sie negative Gedanken hegen. Stattdessen haben Sie eben versucht, einen Wunschtraum Wirklichkeit werden zu lassen, was nicht nur den natürlichen Neigungen des Minds zuwiderläuft, sondern auch eine Mammutaufgabe ist, wenn man die Unzahl negativer Gedanken bedenkt, die sich tagtäglich einstellen.

Ist es also aussichtslos? Sollten Sie es besser einfach aufgeben, positiv zu denken? Nicht unbedingt! Es kann sehr nützlich sein, sich gelegentlich auf positive Gedanken zu konzentrieren, besonders, wenn es darum geht, den Körper gesund zu erhalten und Ihre Ziele umzusetzen. Wollen Sie allerdings innere Ruhe zusammen ebenso wie dauerhaften Gleichmut und Erfolg genießen, so möchte ich Ihnen eine praktische Strategie ans Herz legen, die mit der natürlichen Neigung des Minds arbeitet statt gegen sie.

Ihre Beziehung zu Ihren Gedanken gibt den Ausschlag

Es ist durchaus möglich, Ihre Beziehung zu Ihrem Mind so weit zu verbessern, dass Sie Frieden mit allen Gedanken schließen können, die durch Ihr achtsames Bewusstsein ziehen. Außerdem kann es sehr befreiend sein zu lernen, Ihre Gedanken von einem neutralen Standpunkt aus kommen und gehen zu sehen.

Wenn Sie Frieden mit Ihrem Mind schließen, ist es durchaus möglich, auf Dauer einen Zustand ruhiger Zufriedenheit zu bewahren, selbst wenn negative Gedanken auftauchen. Zum Beispiel könnte Ihnen der Gedanke kommen: *Was, wenn mir diesen Monat das Geld ausgeht?* Wenn Sie diesen Gedanken gar nicht registrieren und ihn so schnell wieder abtauchen lassen, wie er aufgestiegen ist, leisten Sie womöglich Widerstand gegen ihn. Was wiederum zur Folge haben kann, dass Sie eine ganze Palette an Emotionen durchleben, darunter Existenzangst und andere Ängste – denn die Gefühle, die mit dem Widerstand gegen den Gedanken einhergehen, überfallen Ihr Körper-Mind-System. Wenn Sie aber den Gedanken einfach registrieren – dank Ihres achtsamen Bewusstseins –, werden Sie entdecken, dass er in Ihnen präsent sein kann, ohne ein Problem darzustellen oder bei Ihnen Stress auszulösen. Was für eine Erleichterung!

Das Leben kann zur Achterbahnfahrt werden,
wenn Sie auf jeden Gedanken aufspringen,
der Ihnen in den Sinn kommt.
Ihre Gedanken zu betrachten, anstatt sie zu sein,
macht den Unterschied aus.

Achtsames Bewusstsein hat Priorität in Ihrer Beziehung zu Ihrem Mind. Denken Sie daran: Sie sind es, der oder die sich Ihres Minds bewusst ist. Was bedeutet, dass Sie, wenn Sie nicht achtsam sind, sich wahrscheinlich auf einen negativen Gedanken einlassen und von unproduktiven Gedanken- und Gefühlsspiralen heruntergezogen werden. Wenn Sie hingegen achtsam genug sind, Ihre Gedanken nur zu beobachten, wird Raum geschaffen zwischen Ihnen und Ihren Gedanken, und Sie erleben gleichzeitig die innere Ruhe Ihres achtsamen Bewusstseins.

Um dies zu illustrieren, lassen Sie uns rasch ein kleines Experiment machen. Unterbrechen Sie für einen Moment die Lektüre und schauen Sie sich die nächste Seite an.

Wenn Sie sich die Seite angesehen haben, möchte ich, dass Sie über diese Frage nachdenken: *Was haben Sie sofort registriert?*

Würden Sie sagen, dass Ihre Aufmerksamkeit hauptsächlich gerichtet war auf

1. die Taube in der Mitte der Seite oder
2. den weißen Rest der Seite?

Obwohl dies eine unglaublich simple Übung ist, klärt sie die Frage, worauf Sie gewohnheitsmäßig Ihre Aufmerksamkeit lenken – mithin also auch die Frage, wie Ihre derzeitige Beziehung zu Ihrem Mind, zu Emotionen und dem Leben im Allgemeinen aussieht.

Die meisten Menschen geben an, sie würden sich ganz von selbst auf 1. konzentrieren – die Taube in der Seitenmitte. Aber dabei schenken sie all dem Leerraum rundherum keinerlei Beachtung. Das traf auch auf mich zu, als ich das Experiment zum ersten Mal machte. Wenn sich also Ihre Aufmerksamkeit auf die Taube gerichtet hat, sind Sie nicht allein damit. Wir sind so daran gewöhnt, uns auf den augenfälligsten Inhalt zu stürzen, dass uns unabsichtlich der Rahmen entgeht (mehr dazu in Kapitel 6). Außerdem bedeutet die Gewohnheit, uns auf den Inhalt zu fokussieren, dass wir dadurch ungewollt mehr verpassen, als wir uns vorstellen können.

Bevor ich dazu komme, was genau man verpasst, sollten wir den Vogel aus dem Buch befreien und in den Himmel aufsteigen lassen. Ich möchte, dass Sie sich Folgendes vorstellen: Sie sind an einem Sommertag draußen und sehen in den weiten blauen Himmel hinauf. An diesem Tag ist bis zum Horizont kein Wölkchen zu entdecken. Sie setzen sich und genießen den Blick, der so weit reicht, wie Sie sehen können. An diesem Tag ist die Unermesslichkeit des Himmels ehrfurchtgebietend. Sie lassen all das auf sich wirken (mit Ihrer Aufmerksamkeit weit offen) und werden ganz ruhig, während Sie auf dem Rücken liegen und den phantastischen, stillen Himmel betrachten. Dann, aus dem Blauen heraus, fliegt ein Vogel durch Ihr Gesichtsfeld. Als Sie ihn bemerken, wenden Sie Ihre Aufmerksamkeit vom Himmel ab und dem Vogel zu, während er vorüberfliegt.

Nach einer Weile, während Ihre Blicke dem Vogel folgen, beginnen Sie sich zu fragen, was für ein Vogel das wohl ist, warum er hier ist, wohin er will und warum er allein ist. Indem Sie sich auf derlei Gedanken über den Vogel einlassen, hören Sie auf, sich so ruhig zu fühlen wie vorher, als Sie noch ganz auf den Himmel konzentriert waren.

Schöne Geschichte, ja, aber die praktischen Auswirkungen dieser kleinen Analogie sind im Hinblick auf die innere Ruhe gewaltig. Erlauben Sie mir, ins Blaue hinein zu raten, dass genau das gleiche Szenario gerade innerlich auch bei Ihnen abgelaufen ist. Sie werden wohl sicherlich nicht intensiv über Vögel nachdenken, wenn Sie nicht gerade passionierter Vogelbeobachter sind. Aber in Ihnen ist ein weiter Himmel voll lichterfüllten, achtsamen Bewusstseins mit Gedanken und Emotionen (Vögeln), die über ihn fliegen.

Wenn Sie üblicherweise – weil man uns beim Aufwachsen nichts Besseres beibringt – nicht gerade mit innerer Ruhe gesegnet sind, werden Sie Ihren Gedanken und nicht dem achtsamen Bewusstsein, das sich Ihrer Gedanken bewusst ist, einen Großteil Ihrer Aufmerksamkeit geschenkt haben. Oder anders ausgedrückt: Sie haben einen Großteil Ihrer Aufmerksamkeit dem Objekt des Bewusstseins geschenkt und nicht dem Subjekt, das dieses Bewusstsein selbst ist. Damit entgeht Ihnen aber auch das stille, lautlose, weiträumige achtsame Bewusstsein, das von sich aus voller Frieden ist.

Und hier die wirklich coole Frage: Bedeutet es im Fall der Himmel-Vogel-Analogie, dass der Himmel zu existieren aufhört, nur weil Sie Ihre gesamte Aufmerksamkeit auf den Vogel gerichtet haben? Natürlich nicht! Genauso wenig bedeutet es, dass, nur weil Ihre Aufmerksamkeit ausschließlich mit Ihren Gedanken und Emotionen beschäftigt war, Ihr ruhiges, achtsames Bewusstsein jemals aufgehört hat, präsent in Ihnen zu sein. Es bedeutet nur, dass Sie es vielleicht noch nicht bemerkt haben!

Der Frieden ist sich Ihres Minds bewusst

Wenn Ihre gesamte Aufmerksamkeit auf all der Bewegung ruht, die in Ihrem Geist im Gange ist, kann es damit enden, dass Ihnen das ruhige, achtsame Bewusstsein entgeht, das jede Ihrer mentalen und emotionalen Aktivitäten beobachtet. Folglich könnten Sie mit Frieden in jeder Faser Ihres Seins herumlaufen, es aber ein Leben lang nicht bemerken. Wäre das nicht tragisch?

Was wäre, wenn Sie auf der Suche nach Ruhe versucht hätten, Ihre Gedanken und Emotionen anzuhalten, während die ganze Zeit über das Bewusstsein, das sich Ihres Minds bewusst ist, so ruhig war, wie es nur sein könnte? Ohne sich dieser befreienden Möglichkeit bewusst zu sein, könnten Sie Jahre mit der Suche nach Frieden zubringen, und zwar an Orten, an denen er einfach nicht zu finden ist.

Auf Ruhe zu hoffen, indem man seinen Gedanken Einhalt gebietet, ist ein bisschen, wie auf einen Sechser im Lotto zu hoffen, indem man Kommode A nach dem Lottoschein durchwühlt, während er die ganze Zeit in Kommode B liegt. Sie können so viel suchen, wie Sie wollen, Kommode A auf den Kopf stellen und komplett aufräumen, aber wenn sich Ihr Lottoschein nicht in der Schublade befindet, in der Sie nachsehen, dann spielt es keine Rolle, wie lange Sie suchen, denn Sie werden ihn aus naheliegenden Gründen nicht finden. Dasselbe gilt für Frieden, Glück, Liebe und wahren Erfolg. Vielleicht ist es also an der Zeit aufzuhören, diese Qualitäten anzustreben, indem Sie Ihre negativen Gedanken und Emotionen loszuwerden oder Körper und Leben zu perfektionieren versuchen. Das Bewusstsein, das sich all dessen gewahr ist, ist bereits absolut ruhig und eine Quelle wirklich überschäumenden Lebens.

> *Versuchen Sie nicht, Frieden zu finden,*
> *indem Sie keine Gedanken mehr haben,*
> *denn das stille, lautlose achtsame Bewusstsein,*
> *das sich Ihrer Gedanken gewahr ist, ist bereits*
> *von Frieden erfüllt.*

Frieden mit der Befreiung zum Leben

Während ich aufwuchs, lernte ich mehr und mehr darüber, wie Leben «geht». Immer, wenn meine Mutter zum Beispiel einen schlechten Tag erwischt hatte und frustriert oder unglücklich wirkte, hörte ich diese Worte aus ihrem Mund: «Wenn ich nur wieder Größe 38 hätte, wäre ich glücklich.» Ohne es zu wollen, übernahm ich durch die Beobachtung meiner Mutter den Glaubenssatz: *Wenn ich glücklich sein will, muss mein Körper perfekt sein.*

Schneller Vorlauf zu meinen Teenagerjahren, da hatte ich Phasen, wo ich mich unsicher oder unglücklich fühlte. Da ich annahm, dass mein Körper die Ursache für meine miese Stimmung sei, trabte ich zum nächsten Fitnessstudio, um Gewichte zu stemmen. Nach ein paar Monaten fast täglichen Trainings sah ich, wie ich mich erinnere, in den Spiegel, und obwohl ich darin das Spiegelbild eines ziemlich muskulösen Körpers sah, war ich immer noch nicht glücklich. Daraus schloss ich, dass etwas anderes schuld sein musste: *Meine Haut hat nicht die richtige Farbe.* Kein Witz! Also ging ich zum Braunwerden ins Solarium, in der Hoffnung, dass ich mich dann endlich gut fühlen würde. Es funktionierte nicht!

Ich dachte, ich wäre mein Körper, und nahm an,
dass ich mich liebenswerter und glücklicher fühlen
würde, wenn ich ihn veränderte.

«Frieden mit dem eigenen Körper» ist möglich, denn Sie sind nicht Ihr Körper. Stattdessen sind Sie, das, was sich Ihres Körpers bewusst ist. Wenn Sie das letzte Glied Ihres kleinen Fingers verlieren würden, wären Sie dann weniger Sie oder würden Sie dann weniger Körper haben? Sie (genauer gesagt: Ihr wahres Selbst) wären ganz und gar unversehrt. Ihrem Körper würde nur ein kleiner Teil fehlen. Das bleibende Bewusstsein wohnt in Ihrem gegenwärtigen Körper, der sich ständig verändert, schließlich alt wird und zur Erde zurückkehrt. Indem Sie bewusst achtsamer werden, können Sie sich in jenem Aspekt Ihrer selbst ausruhen, der nie krank, zu dick oder zu dünn ist und der nie stirbt. Bewusstsein geht über den physischen Körper hinaus, und daher ist innere Ruhe unabhängig vom Gewicht, von der Gestalt oder dem Gesundheitszustand Ihres physischen Körpers möglich.

Frieden mit Ihrem Körper zu schließen ist nur ein Beispiel dafür, wie Sie Ihre Beziehung zum Leben im Allgemeinen verändern können. Indem Sie Frieden mit Ihren Gedanken über Beziehungen, Beruf, Finanzen, Lebensbedingungen und so weiter schließen, werden Sie ruhig und zufrieden, unabhängig davon, wie diese einzelnen Bereiche Ihres Lebens gerade aussehen. Anstatt immer wieder Ihr Leben verändern oder verbessern zu müssen, können Sie das Gefühl, dass etwas nicht stimmt, komplett auslöschen. Wenn Sie sich die «Friedensstrategie» zu eigen machen, um Frieden mit Ihren Emotionen, Ihrem Körper, Ihren Beziehungen, Ihrem Beruf und so weiter zu schließen, dann können Sie sich befreit auf das Leben einlassen, ohne Angst und voller Zufriedenheit und Klarheit.

Das Wunder des Friedens mit dem Mind

Es funktioniert nicht, den Frieden in Ihrem Mind zu suchen (indem Sie keine Gedanken zulassen), in Ihren Emotionen (indem Sie nur Positives fühlen), in Ihrem physischen Körper (indem Sie ihn gesund erhalten und so aussehen lassen, wie Sie meinen, dass er aussehen müsste) oder in Ihrem Beruf, in Ihren Geldangelegenheiten, in Beziehungen oder irgendeinem anderen Bereich Ihrer äußeren Lebensumstände. Das müssen Sie mir nicht einmal glauben – Ihre eigenen Erfahrungen sind Beweis genug. Es ist daher wahrscheinlich Zeit für eine neue Strategie, wenn Sie bisher keine innere Ruhe oder wahre Erfüllung gefunden haben, indem Sie Ihren Körper, Ihren Mind oder Ihr Leben veränderten, verbesserten und perfektionierten.

Die wunderbare Tatsache, dass Ihr achtsames Bewusstsein bereits von Haus aus ruhig, still und friedvoll ist, bedeutet, dass Sie Ihre Gedanken nicht zum Schweigen bringen müssen, um Ruhe zu erfahren. Stattdessen müssen Sie nur lernen, im Frieden mit Ihren Gedanken über Ihren Körper und Ihr Leben zu sein, indem Sie innerlich Ihre Aufmerksamkeit auf Ihr achtsames Bewusstsein richten. Dank der Mind-Calm-Meditation und dem Frieden-mit-dem-Mind-Protokoll, die Ihnen in den nächsten Kapiteln vorgestellt werden, lernen Sie, wie Sie das mit Hilfe des achtsamen Bewusstseins im Alltag praktizieren. Doch bevor ich Ihnen das zeige, will ich Sie noch etwas besser vorbereiten, damit Sie mit Ihrem Festklammern an den Mind noch leichter aufhören. Kommen und sehen Sie, dass es noch viel mehr im Leben gibt, als Sie denken ...

Kapitel 6

DAS GEHEIMNIS DES ERFOLGS
IST STILLE

Oberflächlich betrachtet scheint Erfolg für verschiedene Menschen verschiedene Dinge zu bedeuten. Einige verstehen vielleicht vollkommene Gesundheit darunter, während andere Erfolg mit finanziellem Reichtum oder einer Spitzenposition in ihrem Unternehmen oder ihrem Beruf assoziieren. Unabhängig von Ihrem persönlichen Gradmesser eines erfolgreichen Lebens kann die Erfahrung von Erfolg im Leben immer nur eine flüchtige sein, der die dauerhafte Zufriedenheit fehlt, wenn Sie die innere Präsenz von Stille in Ihnen nicht entdecken.

Trotz der Anhäufung von Besitztümern und Prestige werden Sie das nagende Gefühl nicht los, dass es doch noch mehr im Leben geben muss. Hauptsächlich deshalb, weil Ihnen, wenn Sie innere Stille nicht kennen, ein gewaltiger Teil Ihrer selbst und des Lebens entgeht, den keine äußeren Umstände ersetzen können.

Wie die Oberfläche des Ozeans sind auch Ihre Gedanken, Ihre Emotionen, Ihr Körper, Ihre berufliche Laufbahn, Ihre Beziehungen, Ihre Finanzen und alle anderen Aspekte Ihrer äußeren Welt ständiger Veränderung unterworfen. Das ist eben so. Gedanken und Emotionen stellen sich ein, während der

Körper seine Arbeit erledigt. Neue Menschen treten in Ihr Leben, während andere es verlassen. Die berufliche Situation verändert sich, Parteien steigen auf und gehen unter, und die Konjunkturlage wechselt so schnell wie das Wetter. Dank der Tatsache, dass Ihr Körper, Ihr Mind und Ihr Leben sich in einem konstanten Fluss befinden und auf und ab ebben zwischen dem, was Ihr Mind als gut oder schlecht, Höhepunkt oder Reinfall einstuft, ist es kein Wunder, dass Sie auf Dauer weder zu Gelassenheit noch zu Erfolg finden, wenn Sie beide in der ständigen Bewegung des Lebens suchen.

Ich freue mich, Ihnen bei Ihrem Streben nach Erfolg mein «Inhalt-Rahmen-Modell» vorstellen zu können. Es wird Ihnen verdeutlichen, warum es Ihnen erst dann möglich ist, ein wirklich erfolgreiches Leben zu leben, wenn Sie die Stille innerhalb Ihres reichen Bewusstseins kennenlernen. Es ist meine Hoffnung, dass Sie klar und deutlich die Notwendigkeit erkennen, eine Wahl zu treffen, wenn Sie den oberflächlichen Erfolg hinter sich lassen wollen, um echte und anhaltende, tiefe Zufriedenheit im Beruf und im Leben genießen zu können.

Das Inhalt-Rahmen-Modell

Mein Forschen nach wahrer Gelassenheit und nach wahrem Erfolg schon in diesem Leben brachte es mit sich, dass ich viele Monate lang Tag und Nacht meditierte. In diesen ausgedehnten Meditationsphasen und natürlich auch bei meiner alltäglichen Übungspraxis habe ich entdeckt, dass dieses Inhalt-Rahmen-Modell eine Art Wegweiser darstellt, mit dessen Hilfe Sie sich von Problemen befreien können, die der Mind erfunden hat, und in den Genuss von etwas kommen werden, das sich am besten mit dem «Himmel auf Erden» beschreiben lässt – Sie werden das Leben in seiner Vollkommenheit erfahren.

Ausgesprochen simpel erklärt dieses Modell, dass sich die

Qualität Ihres Lebens letztlich darauf zurückführen lässt, worauf Sie in jedem einzelnen Moment Ihr Augenmerk richten; und im Besonderen, ob Ihre Aufmerksamkeit auf

- dem **Inhalt** Ihres Lebens oder
- dem **Rahmen** Ihres Lebens

ruht.

Nehmen wir einmal den Raum, in dem Sie sich gerade aufhalten, als Beispiel. Darin befinden sich vermutlich Möbel, Blumen, Lampen, Ihr Telefon und andere Gegenstände. Der Begriff, mit dem ich all das bezeichne, ist **Sachen**. Damit all diese Sachen existieren können, ist der Rahmen von **Raum** notwendig. Mehr noch: Es ist mehr Raum erforderlich, als Sachen vorhanden sind, sonst würden die Sachen nicht hineinpassen. Und obwohl Sachen kommen und gehen, ist der Raum, in dem sie sich befinden, gleichbleibend, immer da und unverändert.

Inhalt	Rahmen
Sachen	Raum

Während Sie weiterlesen, werden Sie sich vielleicht der **Geräusche** um sich her bewusst. Es tickt womöglich eine Uhr, Vögel singen, in der Ferne summt der Straßenverkehr, Blätter rascheln draußen im Wind, Musik spielt, oder Menschen unterhalten sich in der Nähe. Damit diese Geräusche existieren können, damit Sie überhaupt etwas hören können, muss sich all das im Rahmen von **Stille** abspielen. Geräusche brauchen Stille, damit sie wahrnehmbar werden. Selbst wenn Sie von Lärm umgeben sind, ist doch die Stille nötig, damit Sie ihn überhaupt hören können, und diese Stille ist von Dauer im Vergleich zu den Geräuschen, die kommen und gehen.

Inhalt	Rahmen
Sachen	Raum
Geräusche	Stille

Außerdem gehört zum Inhalt Ihrer momentanen Erfahrung auch **Bewegung**. Die Bewegung Ihrer Brust beim Atmen, die Bewegung Ihrer Finger beim Umblättern, die Bewegung der Bäume draußen vor dem Fenster im Wind. Und wieder kann der Inhalt – die Bewegung – nur innerhalb des Rahmens der absoluten Unbewegtheit stattfinden, einer Unbewegtheit, die durch keinerlei Bewegung beeinflusst wird.

Inhalt	Rahmen
Sachen	Raum
Geräusche	Stille
Bewegung	Unbewegteit

Wir haben also etwas sehr Bemerkenswertes in den letzten Abschnitten herausgefunden – Ihr Leben und mit ihm alle Sachen, alle Geräusche und alle Bewegungen spielen sich innerhalb des Rahmens eines stillen, unbewegten Raums ab. Und nicht nur das: Denn der Inhalt kommt und geht und ändert sich, während der Rahmen konstant bleibt und sich keinen Deut verändert. Zufällig trifft dasselbe auch auf Ihren Geist zu – die Bewegungen Ihrer Gedanken und Emotionen finden innerhalb des konstanten Rahmens des ruhigen, stillen Raums statt.

Und jetzt die Millionen-Euro-Frage:

> *Worauf konzentrieren Sie tendenziell*
> *Ihr Hauptaugenmerk während des Tages –*
> *auf den Inhalt oder den Rahmen?*

Fast jeder erkennt, wenn ihm diese aufschlussreiche Frage gestellt wird, klar und deutlich, dass er sein Hauptaugenmerk und den größten Teil seiner Zeit auf den Inhalt von Geist und Leben gerichtet hat. Was verständlich ist, denn das bringt man uns hauptsächlich beim Erwachsenwerden bei. Falls Sie sich jedoch eine gelassenere und erfolgreichere Art, zu arbeiten und zu leben, aneignen möchten, sollten Sie der Konzentration auf den Rahmen Priorität einräumen (siehe auf S. 186 das phantastische Mind-Calm-Spiel «Jetzt den Raum wahrnehmen», mit dem sich der Rahmen neu entdecken lässt).

Sie fühlen das, worauf Sie sich konzentrieren

Daran ist nichts Esoterisches oder Abstruses. Sie spüren auf ganz reale Weise das, worauf Sie sich konzentrieren. Wenn Sie Ihre gesamte Aufmerksamkeit auf die Dinge richten, die sich bewegen und verändern, bedeutet das, dass Sie sehr wahrscheinlich ein Gefühl der Instabilität und des Unbehagens entwickeln werden. Zudem kann es eine riskante Strategie sein, auf diese vergänglichen Dinge als Quelle von Erfolg und Glück zu bauen. Sie mögen dabei durchaus Besitz und Prestige anhäufen, aber das wird Ihnen wohl kaum den inneren Zweifel nehmen, ob es nicht doch noch mehr im Leben gibt als all die Sachen, mit denen Ihr Geist und Leben angefüllt sind. Und damit hätten Sie recht: Es gibt wirklich mehr im Leben – unendlich viel mehr! Wenn Sie also ein nachhaltigeres Erfolgsgefühl genießen möchten, erreichen Sie das, indem Sie lernen, Ihre Aufmerksamkeit auf den inneren Rahmen des Lebens zu richten, der dauerhaft ruhig, still und immer voller Fülle ist.

Eine Verschiebung Ihrer Aufmerksamkeit –
vom Inhalt auf den Rahmen – stellt augenblicklich
wieder eine Verbindung zu Ruhe, Zufriedenheit,

Liebe und Glück und in der Folge auch
zu wahrem Erfolg her.

Der tiefere Zusammenhang von Inhalt und Rahmen

Setzen wir die Erforschung dieses Modells fort, indem wir uns noch tiefer in den Rahmen von ... allem stürzen! Bisher haben wir herausgefunden, dass Inhalt – Sachen, Geräusche und Bewegungen – innerhalb eines Rahmens von stillem, unbewegtem Raum existiert. Wenn Sie Ihre Aufmerksamkeit auf den Rahmen richten, werden Sie eine innere Ruhe entdecken, die allgegenwärtig ist. Doch es hat noch weitere Vorzüge, den Rahmen des Lebens zu erforschen. Tatsächlich fängt es hier ja erst an! Ich habe Kapitel 1 mit der Frage eingeleitet, woher Sie wissen, dass Sie einen Mind haben. Die Antwort: *Weil Sie sich seiner bewusst sind.* Also ist der Mind logischerweise der Inhalt, und der Rahmen ist Ihr achtsames Bewusstsein.

Inhalt	Rahmen
Sachen	Raum
Geräusche	Stille
Bewegung	Unbewegtheit
Mind	achtsames Bewusstsein

Ohne Bewusstsein gäbe es nichts, was sich des Minds bewusst sein könnte. Oder anders ausgedrückt: Sie hätten keinerlei Möglichkeit zu erfahren, welche Gedanken Sie haben, wenn Sie kein achtsames Bewusstsein hätten, das sich ihrer bewusst wäre. Das mag nur allzu selbstverständlich sein – es ist aber auch fundamental, wenn man lernen will, innere Ruhe zu erleben.

Haben Sie je bemerkt, dass Sie immer noch existieren,
selbst wenn Sie gar keine Gedanken mehr haben?

Eine der spaßmachenden Entdeckungen, wenn Sie damit experimentieren, den Mind zu sehen und nicht der Mind zu sein, ist die Erkenntnis, dass Gedanken kommen und gehen. Und nicht nur das, noch wichtiger ist: Wenn Sie hellwach sind, werden Sie feststellen, dass da ein stiller, unbewegter Raum zwischen Ihren Gedanken ist und ein innerer Raum, in dem Ihre Gedanken stattfinden. Was ist dieser stille, unbewegte Raum? Was existiert weiter, selbst wenn keine Gedanken stattfinden? Ja, richtig: achtsames Bewusstsein. Wenn Sie also verinnerlichen und umsetzen wollen, worum es in diesem Buch geht, müssen Sie den Rahmen des Minds neu entdecken.

Wo existiert «jetzt»?

Denken wir einen Augenblick über die Zeit nach: Wo existiert Zeit eigentlich? Um eine Antwort darauf zu finden, lade ich Sie ein zu überlegen, wie Sie sich der Vergangenheit und der Zukunft annähern. Gehen Sie ein paar Minuten zurück, als Sie in diesem Kapitel gelesen haben. Wo existiert dieser Moment jetzt? Er ist in Ihrem Mind, oder? Und wie ist es mit jenem Moment, wenn Sie das Buch ausgelesen haben werden? Zu diesem Augenblick in der Zukunft können Sie nur über Ihren Mind gelangen, und zwar mit Hilfe Ihrer Vorstellungskraft. Das muss bedeuten, dass Zeit in Ihrem Mind existiert. Natürlich gibt es Übergänge – von Tag zu Nacht, von Jugend zu Alter – und auch Daten in Ihrem Kalender; dennoch ist jeder andere Zeitpunkt außer jetzt nur via Mind und Vorstellungskraft zugänglich.

Dies kann eine sehr aufregende Entdeckung sein, wenn etwas «Schlimmes» in Ihrer Vergangenheit passiert ist oder Sie sich Sorgen um die Zukunft machen. Es bedeutet, dass Sie sich, wenn es nicht genau jetzt passiert, in die Vergangenheit oder Zukunft begeben müssen, um sich schlecht zu fühlen, und zwar indem Sie mittels Ihres Minds daran denken. Zu lernen, auf den

Rahmen dieses Augenblicks achtsam zu sein, bedeutet also, dass Sie Vergangenheit und Zukunft loslassen und die Gelassenheit dieser Sekunde genießen können. Wenn Sie lernen möchten, wie Sie ganz in diesem Augenblick sein können, sollten Sie es sich zur Gewohnheit machen, sich den stillen, unbewegten Raum-Rahmen bewusst zu machen. Diese Übung nenne ich gern das «Rahmen-Bewusstsein».

Inhalt	Rahmen
Sachen	Raum
Geräusche	Stille
Bewegung	Unbewegtheit
Mind	achtsames Bewusstsein
Zeit	gegenwärtiger Augenblick

Wenn Sie sich des Rahmens bewusst sind, sind Sie von ganz allein im Hier und Jetzt, denn Ihr Bewusstsein ist sich stets nur dessen bewusst, was gerade geschieht. Wie eine lautlose Videokamera, die im Hintergrund läuft, kann sich Ihr Bewusstsein nur immer dessen bewusst sein, was genau in diesem Augenblick passiert. Selbst wenn Sie sich Ihres Bewusstseins nicht bewusst sind, bleibt sich Ihr Bewusstsein doch – auch wenn es von Gedanken an Vergangenheit und Zukunft abgelenkt sein mag – des Hier und Jetzt absolut bewusst: ausschließlich und immer, wie ein ruhiger Betrachter, der von einem Punkt hinter Ihren Augen zusieht, und wie ein stiller Zuhörer, der von einem Punkt hinter Ihren Ohren lauscht.

Was noch spannender ist: Wenn Sie bewusst achtsam sind, erleben Sie ganz von selbst Ihr Bewusstsein in allen Einzelheiten und beginnen dank der stillen, unbewegten, weiträumigen Natur des Bewusstseins genau dieses zu erfahren. Sie erfahren mehr Ruhe, Frieden, Stille, Ausdehnung und noch viel mehr.

Ohne den Rahmen eines unbewegten, stillen,
weiten Bewusstseins zu kennen, ist es so gut
wie unmöglich, präsent zu sein, Erfüllung zu spüren
oder bedingungslos zu lieben.

Die negativen Nebenwirkungen vom Leben nach Inhalten

Wenn Mind und Zeit zusammenkommen, kann das Ihre Interpretation von «Erfolgserlebnis» auf den Kopf stellen. Wie wir beim Bewertungsspiel (siehe S. 32 f.) gesehen haben, benutzt der Mind Vergangenheit und Zukunft dazu, zu vergleichen und gegeneinanderzuhalten, wie es gelaufen ist und inwiefern es in Zukunft besser laufen könnte. Wenn der Mind das tut, stoßen wir immer auf Dinge, die falsch laufen.

Das Leben negativ zu bewerten kann oft zu einer Geisteshaltung des «inneren Nein» gegenüber dem Leben führen anstelle eines «inneren Ja». Diese innere Ablehnung beschwört einen Konflikt zwischen Ihrem inneren und äußeren Erleben herauf, der Ihrem Frieden und Wohlergehen schadet. Es keimt Existenzangst auf, und auch die Kreativität leidet, da Sie anfälliger dafür werden, die Kampf-oder-Flucht-Bereiche Ihres Gehirns zu benutzen. Leben in diesem Zustand ist schwarzweiß, und viel Energie und Mühe werden aufgewandt, damit das Leben so aussieht, wie es nach Ihrer Vorstellung aussehen soll.

Leider ist der negative Dominoeffekt des Bewertungsspiels hier noch nicht zu Ende. Nein zu Ereignissen im Leben zu sagen treibt einen oft dazu, sich gegen das zu wehren, was passiert ist, gerade passiert oder noch passieren könnte. Wie Sie bereits erfahren haben, setzt dieser innere Widerstand gegen das Leben Sie nicht nur ungesundem Stress aus, er ist auch eine heimliche Ursache von Angst, Frustration, Unzufriedenheit und einer Unzahl weiterer «negativer» Emotionen.

Inhalt	Rahmen
Sachen	Raum
Geräusche	Stille
Bewegung	Unbewegtheit
Geist	achtsames Bewusstsein
Zeit	gegenwärtiger Augenblick
Bewertung	Es ist, was es ist (Liebe)
Probleme	Vollkommenheit
inneres Nein	inneres Ja
Widerstand	Her damit!
☹ Emotionen	☺ Emotionen

Ein Leben ist erfolgreich, wenn Sie es lieben

Und jetzt zu den guten Nachrichten! Etwas absolut Magisches geschieht, wenn Sie mutig genug sind, Ihre Aufmerksamkeit dem wertenden Denken zu entziehen und sie auf den inneren Rahmen der Stille zu richten. Das Leben hört auf, gut oder schlecht, richtig oder falsch oder besser oder schlimmer zu sein, und Sie erkennen, dass alles einfach nur *ist*. Ja, oberflächlich betrachtet mögen die Dinge manchmal schlimm, falsch oder schlechter wirken, aber gleichzeitig existiert daneben etwas, das man etwas kryptisch mit «Es ist, was es ist» bezeichnen könnte.

Stilles, unbewegtes, weiträumiges Bewusstsein ist immer perfekt, ganz und vollständig, so wie es ist. Es ist jenseits aller Bewertung, denn es ist jenseits des Minds. Erstaunlicherweise erfahren Sie auf ganz natürliche Weise Liebe, wenn Sie mit dem Bewerten aufhören. Warum? Ohne negative Werturteile gibt es keinen Grund, warum man nicht lieben sollte.

Ein erfolgreiches Leben nach dem Rahmenmodell sieht daher so ganz anders aus als die traditionellen Vorstellungen von

Erfolg, die uns die Schule und die Gesellschaft eintrichtern. Ich möchte behaupten, dass ein Leben erfolgreich ist, wenn die Person, die es lebt, es liebt. Stimmen Sie mir darin zu? Wenn Sie einen Millionär treffen, der immer noch unzufrieden mit seinem Leben ist, und einen weniger betuchten Menschen, der sein Leben liebt – wer, würden Sie sagen, ist erfolgreicher? Wenn Sie Ihre Prioritäten verlagern von dem Verlangen, immer noch mehr haben zu wollen, zu der Einstellung, das zu lieben, was Sie bereits haben, dann schaffen Sie ganz mühelos den Übergang in ein wirklich erfolgreiches Leben – in eines, das Sie lieben.

Ich habe Folgendes erfahren: Je mehr ich innerlich auf den Rahmen achte, desto eher spüre ich eine Liebe zu meinem Leben – unabhängig davon, ob mein Mind dieses Leben als vollkommen bewertet oder nicht. Nur um eines klarzustellen: Bis heute bewertet mein Mind viele Bereiche meines Lebens als unvollkommen. Dieser Meinung meines Minds zum Trotz tue ich dennoch – indem ich mich bewusst dafür entscheide, meine Aufmerksamkeit mit Hilfe meines Rahmen-Bewusstseins nach innen zu richten (auf den ruhigen, stillen Raum) –, was nötig ist, um mit allen Eventualitäten des Lebens fertigzuwerden, und dabei erfahre ich die Liebe und Vollkommenheit der Präsenz, die dem achtsamen Bewusstsein innewohnt.

Sie ignorieren nicht, was in Ihrem Leben geschieht.
Sie ignorieren Werturteile, die Ihr Mind
über Ihr Leben abgibt.

Ob Sie es glauben oder nicht, Sie können Gelassenheit und Erfolg ohne Ende genießen, wenn Sie akzeptieren, dass das Leben einfach *ist*. Indem Sie Ihre Aufmerksamkeit auf den Rahmen richten, finden Sie Ruhe in einem inneren Ja, das erlaubt, dass dieser Moment genau so sein darf, wie er ist. Das Ergebnis: Frieden und eine ganze Reihe weiterer «positiver» emotionaler Erfahrungen, darunter Freude und Liebe.

Innere Stille = äußerer Erfolg

Woher wissen Sie, wann Sie erfolgreich sind? Sicherlich wäre ein Leben in einem dauerhaften Gefühl des Friedens und Glücks, der Liebe, Klarheit, Kreativität und Fülle ein außerordentlich erfolgreiches Leben. Obwohl Ihnen dieses Buch auch dabei helfen kann, äußerlichen Lebenserfolg zu genießen – indem Sie mehr Selbstvertrauen und Kreativität entwickeln und mehr erledigen unter weniger Stress –, geht es in diesem Teil des Inhalt-Rahmen-Modells eher darum, innerlich erfolgreich zu sein. Was für viele den Ausschlag gibt, ob sie sich erfolgreich fühlen oder nicht.

Inhalt	Rahmen
Misserfolg	Erfolg

Bei meiner Arbeit mit vielen höchst erfolgreichen Geschäftsleuten in meinen Sprechstunden und Seminaren habe ich festgestellt, dass wahrer Erfolg nicht von äußeren Dingen abhängt. Viele Millionäre, mit denen ich gearbeitet habe, haben mehr im Leben und im Beruf erreicht, als sich die meisten Leute auch nur träumen lassen würden. Und doch, trotz dieses äußeren Erfolgs, fühlen sie sich nicht notwendigerweise erfolgreich.

Einer der Hauptgründe für dieses höchst verwirrende Dilemma liegt darin, dass sie sich trotz ihres Reichtums innerlich nicht als erfolgreich betrachten, denn ihr Fokus liegt ausschließlich auf dem endlichen Inhalt ihres Lebens.

Kein äußerer Besitz und keine äußere Position in der Gesellschaft können Ihnen Erfüllung bringen, wenn Ihnen ein Großteil Ihres wahren Selbst und der Realität entgeht. Es kostet Sie nichts, in der Fülle des Lebensrahmens zu ruhen. Indem Sie Ihre Aufmerksamkeit auf den Rahmen verlagern, erleben Sie unmittelbar ein Gefühl der Fülle, Ganzheit und des Erfolgs, das jedem frei zugänglich ist; dazu müssen Sie nicht erst Ihren «Wert» beweisen, und es hat auch nichts mit Ihren Qualifikationen, Ihrem Können oder Ihrer Berufsbezeichnung zu tun.

Sie können ruhig sein und trotzdem jede Menge schaffen!

Ruhig sein bedeutet nicht, untätig zu werden – das Gegenteil ist der Fall. Wenn Sie sich innerlich der Stille bewusst sind, wird auch Ihr Mind ruhig, und Sie erleben ganz von selbst Klarheit, Intuition und Kreativität. Sie erreichen einen erhöhten Seinszustand, den viele Sportler und Künstler als «Runner's High» beziehungsweise «Flow» bezeichnen – einen Augenblick, in dem Sie ganz präsent sind und in dem Ihnen Ihr denkender Mind nicht mehr im Wege steht.

Sie werden überrascht sein, was sich vom Hier und Jetzt aus und mit einem klaren Mind erreichen lässt. Ich persönlich befinde mich in dieser stillen, unbewegten Geisteshaltung, wenn ich meine Bücher schreibe, mit Klienten in den Sprechstunden arbeite, Retreats gebe, meine Akademiekurse halte und mich mit Freunden treffe – denn das Leben ist so viel effektiver und erfreulicher, wenn ich das tue. In der Schule sagte man mir, ich sei Legastheniker, und der Gedanke, ein Buch zu schreiben, versetzt mich noch immer in Schrecken. Aber indem ich auf den Rahmen des Lebens achtgebe und somit still werde, stelle ich fest, dass die Worte zu fließen beginnen und die Angst verschwindet.

Erfolg wird leichter, wenn Sie ruhig werden. Mit «ruhig» meine ich nicht, sich körperlich ruhigzustellen oder still zu stehen. Ich meine, die Aufmerksamkeit auf die Präsenz des stillen, unbewegten Raums innerhalb Ihres achtsamen Bewusstseins zu richten. Sie werden sehen, dass Sie in diesem inneren Seinszustand ruhig bleiben können, selbst wenn Sie einen Berg Arbeit vor sich haben.

Wenn Sie vollkommen präsent sind, richten Sie Ihre volle Aufmerksamkeit auf das, was Sie genau jetzt tun; und in Anbetracht dessen, dass dieses Jetzt an diesen Augenblick geknüpft ist, ist es immer nur sehr wenig, was Sie genau jetzt tun können. Zum Beispiel ist es eine abschreckende und womöglich anstrengende Aufgabe, ein Buch zu schreiben, aber dieses Wort hier jetzt zu schreiben ist sehr leicht und erfordert wenig Mühe. Indem Sie präsent bleiben, während Sie mit der Arbeit fortfahren, die Ihre ganze Aufmerksamkeit erfordert, befassen Sie sich mit dem, was Sie vor sich haben, und dann mit dem, was als Nächstes kommt und dann wieder als Nächstes. Und bevor Sie es wissen, haben Sie ein ganzes Buch geschrieben, ein Geschäft aufgebaut oder etwas ziemlich Spektakuläres erreicht – und all das mit sehr wenig Stress und in größter Gelassenheit. Sie kommen dahin, den Weg richtig zu genießen und das Ziel als Extrazugabe zu erleben, nicht als Notwendigkeit.

Von Frustration zu Freiheit

Bis jemand die Fähigkeit entwickelt, sich des Rahmens bewusst zu werden, indem er bewusst achtsam ist, kann er ein wahrhaftes Höllenleben durchleiden! Mit anderen Worten: Er verbringt seine Tage, indem er das Leben verpasst und sich durch fortwährendes Bewerten der Vergangenheit und Zukunft aufreibt. Seine Lebensfreude ist einem ständigen Auf und Ab unterworfen, abhängig davon, auf welcher Seite des Bewertungsspiels er zufällig gerade steht. Wenn er auf der negativen, schlechten, schlimmeren oder falschen Seite zu stehen kommt, kann sich das Leben für ihn anfühlen wie eine niemals endende Aneinanderreihung von Problemen, die gelöst oder vermieden werden müssen. Er kommt nie irgendwo an.

Wenn die Dinge nicht nach Plan laufen, wehren sich solche Leute gegen das Leben, was zu unnötigem Stress und Kummer führt. Ganz zu schweigen von dem Gefühl, ein Versager zu sein, und unabhängig von dem, was sie erreichen – denn ihr Mind redet ihnen ein, dass sie nie wirklich ans Ziel kommen. Menschen, die sich in Inhalten verlieren, werden letztlich zu Kontrollfreaks und manipulieren und «managen» das Leben in dem Versuch, es besser zu machen – während all das nur dazu beiträgt, dass der frustrierende und unselige Teufelskreis anhält.

Zum Glück wartet auf der anderen Seite die Freiheit auf jeden, der bereit ist, eine neue Einstellung zum Leben auszuprobieren. Je eher Sie lernen, das Leben so sein zu lassen, wie es ist, indem Sie in der inneren Stille bleiben, die der Rahmen für Sie bereithält, desto weniger müssen Sie kontrollieren, was passiert. Es wird Ihnen klar, dass das Gegenteil von Kontrolle Freiheit ist. Damit meine ich: Je weniger Sie Ihr Leben kontrollieren müssen, desto freier werden Sie. Und je freier Sie sind, desto gelassener und erfolgreicher fühlen Sie sich – und zwar ganz von selbst und automatisch.

Ich kenne niemanden, der, wenn er vor der Wahl stünde, der Hölle vor dem Himmel den Vorzug geben würde. Wenn Sie auf die Tabelle auf der nächsten Seite schauen, wird Ihnen hoffentlich viel klarer, dass es absolut blödsinnig ist, sich in Inhalten zu verlieren, wenn man diesen Zustand mit dem Ruhen innerhalb des Rahmens des achtsamen Bewusstseins vergleicht. Allein das ist schon eine große Motivation zu meditieren! Wenn Sie sich auf den Rahmen zurückbesinnen, sind Sie präsent und erleben die Vollkommenheit des «Es ist einfach» sowie die Gelassenheit, die daher rührt, dass Sie sich nicht mehr auf negatives Denken einlassen und stattdessen innerlich ja zum Leben sagen.

Inhalt	Rahmen
Sachen	Raum
Geräusche	Stille
Bewegung	Unbewegtheit
Mind	achtsames Bewusstsein
Zeit	gegenwärtiger Augenblick
Bewertung	Es ist, was es ist (Liebe)
Probleme	Vollkommenheit
inneres Nein	inneres Ja
Widerstand	Her damit!
☹ Emotionen	☺ Emotionen
Misserfolg	Erfolg
Kontrolle	Freiheit
EIN KONFUSER MIND	INNERE RUHE = MIND CALM

Ihre Aufmerksamkeit von Inhalten auf den Rahmen zu verlagern ist vermutlich eine der wichtigsten Fähigkeiten überhaupt, die Sie entwickeln können. Es befreit Sie für immer von problemorientiertem Denken und ermöglicht Ihnen schon jetzt, zu Lebzeiten, das Erlebnis des Nirwanas. Aber wie gelingt Ihnen diese Verlagerung? Natürlich ist Meditation eine der wirkungsvollsten Möglichkeiten, sich das Bewusstsein des Rahmens zur Gewohnheit zu machen. Und die beste Neuigkeit von allen ist, dass das Warten ein Ende hat: Im Folgenden führe ich Sie in die Mind-Calm-Meditation ein.

Kapitel 7

DIE MIND-CALM-
MEDITATIONSTECHNIK

Der Zweck von Meditation besteht darin, dass Sie zu sich selbst finden: damit Sie im achtsamen Bewusstsein ruhen können. Denken Sie daran, dass Ihr Bewusstsein bereits vollkommen gut, ruhig und zufrieden ist; es ist Ihr dauerhaftes, machtvolles Selbst. Es ist der zugrundeliegende stille, unbewegte und fundamentale Rahmen, in dem alle körperlichen und emotionalen Bewegungen und die des Lebens ablaufen. Bewusstsein ist das Sein, in dem alles Tun stattfindet. Eine natürliche Voraussetzung für die Verbindung mit Ihrem Sein ist einmal mehr, dass Sie bereit sein müssen, jede Anstrengung beim Meditieren zu unterlassen. Solch eine Kehrtwende in der Art und Weise, wie Sie das Leben angehen, erfordert eine sehr einfache Meditationstechnik wie Mind Calm, die die wunderbare ruhige Präsenz Ihres Seins offenbart.

In diesem Kapitel erkläre ich Ihnen die drei Schritte, die für die Mind-Calm-Technik erforderlich sind. Zuvor möchte ich jedoch unterstreichen, dass Sie diese Schritte so unangestrengt wie möglich angehen sollten, ohne dabei selbst etwas zu «unternehmen». Wenn Sie sich beim Meditieren anstrengen, entfernt Sie das nämlich von Ihrem natürlichen Seinszustand. Sie werden entdecken, dass Sie «Ihr wahres Ich sind», wenn Sie nicht versuchen, jemand oder etwas anderes zu sein.

Sie werden nicht durch sich selbst ruhig.
Im Gegenteil, Ruhe wird sich einstellen, wenn Sie
aufhören zu versuchen, ruhig zu werden!

Der Versuch, diese Schritte «korrekt» zu machen, kann tatsächlich kontraproduktiv, frustrierend und vor allem wirkungslos sein. Stattdessen sind diese Schritte eher als Richtlinien gedacht, um ein Bewusstsein zu schaffen, das Sie rasch und mühelos in einen achtsamen Zustand bewussten Seins versetzen wird. Besagte Schritte sollen Ihnen anzeigen, wann Sie den gegenwärtigen Moment verlassen, zu denken begonnen und aufgehört haben, bewusst achtsam zu sein. Um maximal von Mind Calm zu profitieren, sollten Sie es sich zur Aufgabe machen, nicht zu versuchen, Ruhe zu finden oder erzwingen. Stattdessen lassen Sie die Ruhe sich einstellen, indem Sie alles loslassen – mit Ausnahme der Aufmerksamkeit für alles, was sich in jedem Moment der Meditation von selbst zeigen will.

Denken Sie einmal darüber nach: Was bleibt noch präsent in Ihnen, wenn Sie Ihre Gedanken, Emotionen, Körperwahrnehmungen und die Geschichten in Ihrem Kopf über Ihr Leben loslassen?

Indem Sie loslassen, was Sie nicht sind,
werden Sie das wunderbare Wesen finden,
das Sie schon die ganze Zeit über waren.

Immer, wenn Sie Mind Calm anwenden, sollten Sie bestrebt sein zu registrieren, wann Sie denken, und die Gedanken wieder loszulassen bereit sein, um wieder in die Achtsamkeit des gegenwärtigen Augenblicks zurückzukehren. Ich weiß, dass diese Gedanken persönlicher Natur sein und Dinge betreffen können, die Ihnen wichtig sind; und doch hat das ständige Denken Ihnen bisher nicht den Frieden, die Liebe und Freude gebracht, nach denen Sie sich sehnen. Deshalb: Lassen Sie die Gedanken los. Entsprechend möchte ich, dass Sie registrieren, wann Sie mit einer – positiven oder negativen – Emotion beschäftigt sind, und auch sie loslassen, um wieder in die Achtsamkeit des gegenwärtigen Augenblicks zurückzukehren. Und ich möchte, dass Sie registrieren, wann Sie sich durch Körperwahrnehmungen haben ablenken lassen, und wieder in die Achtsamkeit des gegenwärtigen Augenblicks zurückkehren. Ich lade Sie ganz einfach ein zu registrieren, wann Sie mit geschäftigem Tun befasst sind, anstatt mühelos bewusst zu sein.

Toptipp: Lassen Sie alles los, was losgelassen werden kann

Als ich meditieren lernte, erzählten mir meine Meditationslehrer von einer erstaunlichen Sache namens «ruhiger Stille». In meinem Wunsch, denselben Frieden und dieselbe Freude wie meine Lehrer zu erleben, begann ich natürlich nach dieser «ruhigen Stille» zu suchen, von der sie so begeistert sprachen. Erst nach vielen Monaten frustrierten Meditierens ging mir endlich auf, dass gerade der Versuch, die «stille Ruhe» zu finden, mich von ihr entfernte! Je mehr ich nach ihr suchte, desto zielsicherer verfehlte ich sie. Es war fast so, als würde ich mich bei dem Versuch, mich zu finden, von mir selbst abwenden. Also bitte, hören Sie auf mich, wenn ich sage: Versuchen Sie nicht, achtsames Bewusstsein zu finden oder ruhig zu

LEHREN UND TECHNIKEN

sein. Sie werden bewusst achtsam, wenn Sie SWAWO anwenden, was Ihnen wiederum die stille Ruhe offenbaren wird. Entspannen Sie sich und lassen Sie es geschehen. Wenn überhaupt, seien Sie mehr daran interessiert zu registrieren, was bleibt, wenn Sie alles loslassen, was losgelassen werden kann – denn wenn Sie es loslassen können, dann ist es nicht von Dauer, und dann ist es deshalb auch nicht Sie.

CALM = Conscious Awareness Life Meditation («Lebensmeditation in achtsamem Bewusstsein»)

Vordringliches Ziel dieser wunderbar einfachen Meditationsform ist es, die unmerkliche Bewegung fort von der gegenwärtigen Achtsamkeit zu erkennen, mit der Sie sich auf den Inhalt Ihres Geistes einlassen, und bereit zu sein, loszulassen und zum Rahmen des achtsamen Bewusstseins zurückzukehren. Das «Calm» in «Mind Calm» ist ein Akronym und steht für Conscious Awareness Life Meditation («Lebensmeditation in achtsamem Bewusstsein»). Mind Calm ist also ganz einfach eine Meditationsform, die Sie im Alltag bewusst achtsam macht. Wir haben bereits die vielen Vorzüge des achtsamen Bewusstseins aufgezeigt; beschäftigen wir uns nun damit, was diese Meditation umfasst und wie man sie anwendet.

Mind Calm besteht aus zwei Hauptbestandteilen:

1. Sanft wachsam zu sein bei ungeteilter Aufmerksamkeit (SWAWO) sowie
2. gelegentlich Calm-Gedanken zu denken, die Ihnen helfen, in Ihren Alltag das zu holen, was Sie sich wünschen.

Kapitel 4 hat Sie mit SWAWO vertraut gemacht (ab S. 73); Sie haben gelernt, wie Sie sanft wachsam sein können bei ungeteilter Aufmerksamkeit und offenen Augen. Jetzt sind Sie so weit, mit SWAWO zu spielen, während Ihre Augen geschlossen bleiben. Zunächst möchte ich jedoch, dass Sie mit SWAWO bei geöffneten Augen beginnen und auf die Seite vor Ihnen schauen, wobei Sie Ihre Aufmerksamkeit erweitern. Anschließend möchte ich, dass Sie erfahren, wie es ist, die Lider zu schließen, während Sie weiter sanft wachsam bleiben. Tun Sie das jetzt und spüren Sie dem nach. Sie werden feststellen, dass diese Erfahrung jener mit geöffneten Augen sehr ähnelt. Ja, es mag keine äußeren Objekte geben, die Sie mit Ihrem Gesichtssinn registrieren könnten. Und dennoch: Da Sie die erklärte Absicht haben, sanft wachsam bei ungeteilter Aufmerksamkeit und geschlossenen Augen zu sein, werden Sie merken, dass Ihr Geist stiller und ruhiger wird.

Jedes Calm-Sitzen – diesen Ausdruck verwenden wir hier für die traditionelle Meditation mit geschlossenen Augen – beginnt damit, dass Sie die Augen schließen und SWAWO praktizieren. Ich ermuntere Sie, bei SWAWO etwas zu verweilen, bewusst achtsam zu sein und sich mit dem ruhigen Rahmen dieses Moments anzufreunden. Dann, nach einer kleinen Weile (ich sage Ihnen nicht, wann, sonst achten Sie auf die Zeit), denken Sie sanft einen Calm-Gedanken.

Die zehn Calm-Gedanken

Calm-Gedanken sind Gedanken, die Sie während der Mind-Calm-Meditation mit offenen und geschlossenen Augen denken *sollen*. Sie können dazu beitragen, Ihren bewussten Erfahrungshorizont durch sehr verlockende Gemütszustände zu erweitern, etwa Frieden, Liebe und Klarheit, um nur drei der zehn Gemütszustände zu nennen, die durch Mind Calm erreicht werden (und ab S. 118 ausführlich behandelt sind). Selbst wenn Sie es jetzt noch nicht glauben – Sie sind schon verbunden, mächtig, voll Freude, friedvoll, voller Liebe und eins mit allem im Kosmos. Sie befinden sich in all diesen atemberaubenden Gemütszuständen und noch viel mehr. Wenn Sie sie jedoch noch nie erlebt haben, bedeutet das, dass sie in Ihrem unruhigen Mind begraben lagen. Diese Gemütszustände sind wie Samen im Erdreich; Calm-Gedanken geben Ihnen die Kraft, durch das Erdreich zu stoßen, um wieder sichtbar zu werden.

Calm-Gedanken sind einzigartig und holen all diese Gemütszustände in Ihren bewussten Erfahrungshorizont – und zwar dank der folgenden drei Komponenten, aus denen sie bestehen:

Om + positive Absicht + Fokuspunkt

Komponente 1: Om

«Om» (manchmal auch «Aum») ist ein weithin bekanntes Wort aus dem Sanskrit, einer alten Sprache des Bewusstseins. Eine Besonderheit des Sanskrit, der es so bewusstseinserweiternd macht, besteht darin, dass es eine Sprache mit Schwingungsenergie ist. Das bedeutet, dass Sanskritworte die gleiche Frequenz haben wie das, was sie bezeichnen. Wenn Sie Sanskritworte benutzen, bringen Sie bemerkenswerterweise und ganz automatisch Ihre Aufmerksamkeit in Einklang mit der Schwingungsfrequenz der Worte, die Sie denken oder sprechen. Das kann große Wirkung entfalten. Besonders, wenn Sie verstanden haben, dass das Universum durch Schwingung beeinflusst und vernetzt wird.

«Alles im Leben ist Schwingung.»
ALBERT EINSTEIN

Die moderne Wissenschaft hat herausgefunden, was die alten Mystiker schon lange wussten: Alles in der physischen Welt schwingt auf jeweils einer bestimmten Frequenz, die dafür sorgt, dass es seine individuelle physikalische Form beibehält. Wenn man sich auf die Ebene der subatomaren Partikel begibt und in noch winzigere Bereiche, stößt man den Quantenphysikern zufolge nur noch auf Möglichkeiten, die sich manifestieren oder nicht. Wow! Auf Quantenebene schwingt also alles mit einer bestimmten Frequenz und wird, wenn man es wieder mit bloßem Auge betrachtet, zu einem Gebäude, einem Stuhl, einem Stift oder dem Buch in Ihren Händen.

Auf subatomarer Ebene, die jenseits dessen besteht, was Sie mit Ihren Sinnen sehen, hören oder berühren können, schwingt sogar Ihr Körper auf einer Reihe von Frequenzen, die Ihre Haut, Ihre Muskeln und Knochen, Ihr Gehirn und alle Organe entstehen lassen, welche ihre wunderbare Arbeit genau in diesem Augenblick entfalten. Was das Ganze noch wundersamer macht: Jenseits dieser greifbaren Bestandteile Ihres physischen Körpers schwingen auch Ihre Gedanken und Emotionen und breiten sich wellenförmig nicht nur durch Ihren ganzen Körper, sondern auch durch das gesamte Universum aus. Noch einmal: Wow! Klingt cool. Aber was hat all das mit dem Om zu tun?

Unterm Strich lässt sich alles in der physischen, mentalen und emotionalen Welt auf eine einzige Wurzelschwingung zurückführen. Sie kommen nie darauf, was diese Schwingung ist ... Okay, richtig geraten: Om! Erst kürzlich haben Wissenschaftler diese Wurzelschwingung den «Klang des bekannten Universums» genannt – den die alten mystischen Traditionen eben mit «Om» bezeichnen.

Om ist bekanntermaßen die Schwingung
der Schöpfung: die Vater- und Mutterschwingung,
die bei der Entstehung alles Seienden
zugegen war.

Mir gefällt diese Art, darüber zu denken. Stellen Sie es sich vor: Am Anfang – und ich meine den «Uranfang», an dem rein gar nichts existierte – gab es nur unbewegten, lautlosen, leeren Raum. Dann kam Bewegung in die Unbewegtheit, Klang in die Lautlosigkeit, und Dinge begannen, den leeren Raum zu füllen. Die erste Bewegungsschwingung aus der Unbewegtheit war Om, die erste Schwingung, die Klang hervorbrachte, war Om, und die erste Schwingung, die körperliche Gestalt annahm, war Om. Spulen wir zum heutigen Tag vor, so bedeutet das, dass Om die Wurzelschwingung von allem in Ihrem Leben ist, Ihre Gedanken, Emotionen und Ihren Körper eingeschlossen; und das gilt auch für jeden Menschen, den Sie kennen, und alles, was in Ihrem Leben jemals geschehen ist, gerade geschieht und jemals geschehen wird. Alles entsteht im Gefolge von Om.

Wenn Sie Ihre Aufmerksamkeit auf Om richten – besonders während der Meditation –, dann richtet sich Ihre Aufmerksamkeit auf die treibende Urkraft der Schöpfung aus. Ziemlich cool, oder? Ich schätze, das ist einer der Gründe, warum Millionen Menschen mit Hilfe von Om meditiert haben, seitdem Menschen überhaupt meditieren. Aber die guten Nachrichten sind hier nicht zu Ende. Denken Sie daran: Die Quantenphysiker haben herausgefunden, dass alles in jedem einzelnen Moment in die Existenz kommt und sie wieder verlässt. Dieses Phänomen führt uns zu der befreienden Möglichkeit, dass «von allem Anfang an» auf ewig jetzt ist.

Jeder Augenblick schenkt Ihnen einen absoluten
Neustart voller Möglichkeiten, das hervorzubringen,
was immer Sie möchten –wenn Sie es
in Ihr Leben lassen.

Wenn Sie in denselben Denkmustern wie gestern, letzte Woche und die letzten Jahrzehnte feststecken, ebnet das nur immer und immer wieder denselben Sachen den Weg in Ihr Leben. Aber was, wenn Sie einen brandneuen Gedanken hätten – einen, der auf den mächtigen Schwingen des Om daherkommt und Ihnen hilft, Ihrem Leben neues Leben einzuhauchen? Nun, genau das ist es, was die Calm-Gedanken uns zu bieten haben, weil wir dadurch Om mit positiven Absichten aufladen.

Komponente 2: Positive Absichten

Gedanken können zu Dingen werden. Wenn Sie schon einmal einen Lebenshilferatgeber gelesen oder beobachtet haben, wie Ihr Leben funktioniert, ist es sehr wahrscheinlich, dass Sie es bereits wissen: Alles, was Sie in Ihrem Leben absichtlich herbeigeführt haben, hat als ein einzelner «Samen-Gedanke» begonnen. Zum Beispiel haben Sie vielleicht einmal gedacht: «Ich hätte gern einen Job oder würde gern eine Firma gründen.» Und wie von Zauberhand – okay, und vermutlich auch nach ziemlich viel Arbeit – trug Ihre Absicht Früchte, Ihrer Karriere eine neue Richtung zu geben. Oder Sie dachten vielleicht, Sie hätten gern etwas mehr innere Ruhe, und peng – dieses Buch fiel Ihnen in die Hände. So etwas passiert die ganze Zeit über. Gedanken treten die Reise von Ihrem Mind aus an, um sich unterwegs in äußere physische Ereignisse und Dinge zu verwandeln. Sehen Sie sich Ihr Leben heute an, und Sie werden das Abbild des Welleneffekts dessen erkennen, was Sie am meisten in den letzten Tagen, Wochen oder Jahren bewegt hat. Der

Beweis liegt auf der Hand: Gedanken werden schließlich zu Dingen.

Positive Absichten, die auf Gedanken beruhen,
sind der Samen aller Möglichkeiten.

Zu grübeln, das Bewertungsspiel zu spielen und Ihre Aufmerksamkeit auf das zu richten, was schlecht, negativ, falsch oder noch schlimmer ist, führt dazu, dass Sie genau das herbeiführen, was Sie sich nicht wünschen. Gutes mag gelegentlich passieren (wenn es abwärtsgeht, geht es irgendwann auch wieder aufwärts), aber für all jene, die sich in wertendem Denken verlieren, kann das Leben zu einem nicht enden wollenden Hindernislauf werden – meistens noch den Berg hoch. Um aus diesem Hamsterrad auszusteigen, hat Mind Calm zehn positive Absichten zusammengestellt, auf die Sie stattdessen Ihre Aufmerksamkeit richten sollten.

Aber bei Mind Calm versuchen Sie nicht nur an der Oberfläche Ihres Minds positiv zu denken. Sie beginnen Mind Calm, indem Sie SWAWO praktizieren, um Ihre Aufmerksamkeit mit dem Bewusstsein für den gegenwärtigen Moment in Einklang zu bringen; dann denken Sie neben «Om» (= die treibende Kraft der Schöpfung) an die positiven Absichten. Wie Sie sich vorstellen können, schafft diese wirkungsvolle Kombination beeindruckende positive Effekte – besonders, wenn Sie die letzte Komponente der Calm-Gedanken nicht vergessen, die Ihnen hilft, die Brücke vom Mind zur bewussten Erfahrung in Ihrem eigenen Leben zu schlagen.

Komponente 3: Fokuspunkte
Zu jedem Calm-Gedanken erhalten Sie die Empfehlung, sich auf eine bestimmte Stelle in oder an Ihrem Körper zu konzen-

trieren, während Sie ihn denken. Dank dieser zusätzlichen Fokuspunkte erhöht sich die Wirkmacht der Calm-Gedanken beträchtlich.

Fokuspunkte funktionieren in vielerlei Hinsicht. Zunächst einmal sitzen einige Fokuspunkte innerhalb der wohlbekannten Energiezentren Ihres Körpers, die man Chakren nennt. Das Sanskritwort *chakra* bedeutet «Rad» oder «Wirbel». Diese Energiezentren sind seit langer Zeit bekannt und werden in vielen spirituellen Traditionen gelehrt. Indem Sie Ihre Aufmerksamkeit auf diese Bereiche des Körpers richten, während Sie die Calm-Gedanken denken, aktivieren Sie dort nicht nur die Energiezentren, sondern nutzen auch ihre Kräfte, um Ihre positiven Absichten umzusetzen.

Wer mit den Chakren vertraut ist, wird vielleicht feststellen, dass sich einige positive Absichten und Fokuspunkte nicht mit den traditionellen Zuschreibungen oder Zielsetzungen der einzelnen Chakren decken. Das ist beabsichtigt, denn Mind Calm ist eine moderne Meditationsmethode, die auch darauf abzielt, sich die Kraft der symbolischen Natur des Minds zunutze zu machen. Der Mind verwendet Symbole und reagiert auf sie. Deshalb senkt es die Wahrscheinlichkeit, dass der Mind bewertet und sich gegen den Prozess wehrt, wenn Sie ihm symbolische Stellen im und am Körper zeigen, auf die er sich konzentrieren soll.

Zum Beispiel spüren die meisten Menschen ihre Emotionen im Solarplexus (also dem Bereich zwischen Nabel und Herz). Zu denken «Om Frieden» (einen der Calm-Gedanken), während Sie sich auf den Solarplexus konzentrieren, ergibt einen Sinn für Ihren Mind, denn das ist der Körperbereich, in dem die meisten Menschen gern Frieden spüren würden. Wenn Sie im Einklang mit der symbolischen Natur des Minds vorgehen, gelangen Sie leichter zu innerer Ruhe und entdecken – da der

Mind sich ruhig verhält – die unbewegte, lautlose Präsenz Ihres achtsamen Bewusstseins wieder. Und was ist mit den anderen Fokuspunkten, die sich nicht in den bekannten Chakren befinden? Für sie gilt dasselbe. Sie werden feststellen, dass sich diese Fokuspunkte ebenfalls an Stellen in Ihrem Körper oder seinem Umfeld befinden, die in symbolischem Zusammenhang mit der positiven Absicht stehen, welche der jeweilige Calm-Gedanke repräsentiert.

Trotz dieses Hintergrunds der Calm-Gedanken ermuntere ich Sie, sich nicht allzu sehr mit den einzelnen Theorien zu beschäftigen, wie die Calm-Gedanken funktionieren könnten. Am wichtigsten an Mind Calm ist die Art, wie Sie sie einsetzen. Bevor ich Sie nun Schritt für Schritt durch die Mind-Calm-Meditation führen werde, biete ich Ihnen hier eine kurze Zusammenfassung, die Ihnen zeigen soll, wie einfach und leicht diese Form der Meditation ist ...

Die Mind-Calm-Meditation auf einen Blick

Schritt 1: SWAWO
Seien Sie sanft wachsam mit Ihrer Aufmerksamkeit weit offen.

Schritt 2: Calm-Gedanke
Denken Sie einen der Calm-Gedanken (ab S. 118).

Schritt 3: SWAWO
Seien Sie sanft wachsam mit Ihrer Aufmerksamkeit weit offen.
Beginnen Sie Mind Calm stets mit SWAWO. Sobald Sie sanft wachsam mit Ihrer Aufmerksamkeit weit offen sind,

denken Sie einen der Calm-Gedanken. Lassen Sie dann den Gedanken und den Fokuspunkt wieder los und kehren Sie zu SWAWO zurück. Verweilen Sie in ruhigem, achtsamem Bewusstsein, bis Sie bemerken, dass Sie wieder an etwas denken – dann wiederholen Sie die drei Schritte. Ganz einfach! Glauben Sie mir – in all seiner Einfachheit ist Mind Calm tiefgründig, wirkungsvoll und von großem Nutzen.

Die zehn Calm-Gedanken

Insgesamt gibt es zehn Calm-Gedanken; jeder davon umfasst Om, eine positive Absicht und einen Fokuspunkt.

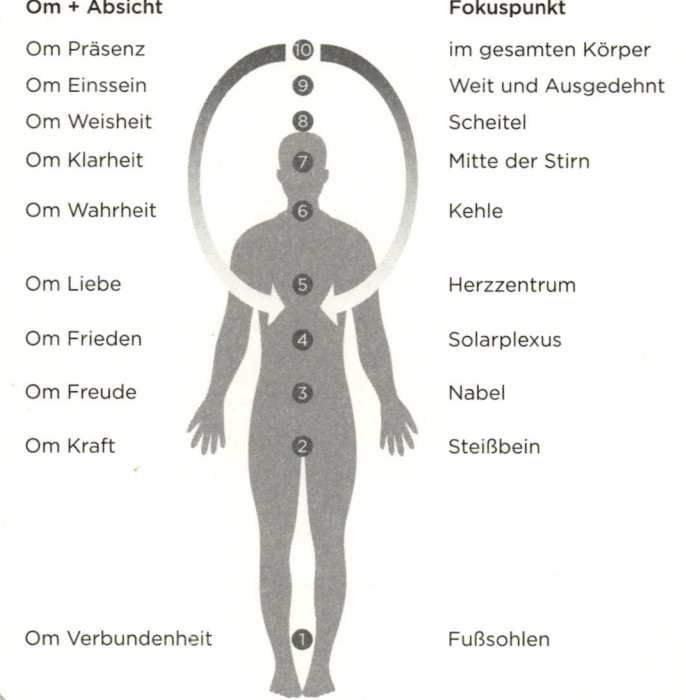

Om + Absicht		Fokuspunkt
Om Präsenz	⑩	im gesamten Körper
Om Einssein	⑨	Weit und Ausgedehnt
Om Weisheit	⑧	Scheitel
Om Klarheit	⑦	Mitte der Stirn
Om Wahrheit	⑥	Kehle
Om Liebe	⑤	Herzzentrum
Om Frieden	④	Solarplexus
Om Freude	③	Nabel
Om Kraft	②	Steißbein
Om Verbundenheit	①	Fußsohlen

LEHREN UND TECHNIKEN

Mind Calm mit allen zehn Calm-Gedanken

Nun, da Sie die drei Mind-Calm-Schritte und die zehn Calm-Gedanken kennen, lassen Sie uns gemeinsam eine Mind-Calm-Sitzung durchgehen.

- Setzen Sie sich bequem hin, schließen Sie die Augen und üben Sie SWAWO, indem Sie sanft wachsam mit Ihrer Aufmerksamkeit weit offen sind.
- Denken Sie «Om Verbundenheit», während Sie Ihre Aufmerksamkeit auf Ihre Fußsohlen richten ... Lassen Sie den Gedanken und den Fokuspunkt los und üben Sie wieder SWAWO. Seien Sie bewusst achtsam auf diesen Augenblick, bis Sie bemerken, dass Sie an etwas anderes denken.
- Dann üben Sie SWAWO für eine kurze Weile, bevor Sie «Om Kraft» denken, während Ihre Aufmerksamkeit auf Ihrem Steißbein ruht ... Lassen Sie den Gedanken und den Fokuspunkt los und üben Sie wieder SWAWO. Seien Sie bewusst achtsam auf diesen Augenblick, bis Sie bemerken, dass Sie an etwas anderes denken.
- Dann üben Sie SWAWO für eine kurze Weile, bevor Sie «Om Freude» denken, während Ihre Aufmerksamkeit auf Ihrem Nabel ruht ... Lassen Sie den Gedanken und den Fokuspunkt los und üben Sie wieder SWAWO. Seien Sie bewusst achtsam auf diesen Augenblick, bis Sie bemerken, dass Sie an etwas anderes denken.
- Dann üben Sie SWAWO für eine kurze Weile, bevor Sie «Om Frieden» denken, während Ihre Aufmerksamkeit auf Ihrem Solarplexus ruht ... Lassen Sie den Gedanken und den Fokuspunkt los und üben Sie wieder SWAWO. Seien Sie bewusst achtsam auf diesen Augenblick, bis Sie bemerken, dass Sie an etwas anderes denken.
- Dann üben Sie SWAWO für eine kurze Weile, bevor Sie «Om

Liebe» denken, während Ihre Aufmerksamkeit auf Ihrem Herzzentrum ruht ... Lassen Sie den Gedanken und den Fokuspunkt los und üben Sie wieder SWAWO. Seien Sie bewusst achtsam auf diesen Augenblick, bis Sie bemerken, dass Sie an etwas anderes denken.

- Dann üben Sie SWAWO für eine kurze Weile, bevor Sie «Om Wahrheit» denken, während Ihre Aufmerksamkeit auf Ihrer Kehle ruht ... Lassen Sie den Gedanken und den Fokuspunkt los und üben Sie wieder SWAWO. Seien Sie bewusst achtsam auf diesen Augenblick, bis Sie bemerken, dass Sie an etwas anderes denken.

- Dann üben Sie SWAWO für eine kurze Weile, bevor Sie «Om Klarheit» denken, während Ihre Aufmerksamkeit auf der Mitte Ihrer Stirn ruht ... Lassen Sie den Gedanken und den Fokuspunkt los und üben Sie wieder SWAWO. Seien Sie bewusst achtsam auf diesen Augenblick, bis Sie bemerken, dass Sie an etwas anderes denken.

- Dann üben Sie SWAWO für eine kurze Weile, bevor Sie «Om Weisheit» denken, während Ihre Aufmerksamkeit auf Ihrem Scheitel ruht ... Lassen Sie den Gedanken und den Fokuspunkt los und üben Sie wieder SWAWO. Seien Sie bewusst achtsam auf diesen Augenblick, bis Sie bemerken, dass Sie an etwas anderes denken.

- Dann üben Sie SWAWO für eine kurze Weile, bevor Sie «Om Einssein» denken, während Ihre Aufmerksamkeit auf Weit und Ausgedehnt ruht ... Lassen Sie den Gedanken und den Fokuspunkt los und üben Sie wieder SWAWO. Seien Sie bewusst achtsam auf diesen Augenblick, bis Sie bemerken, dass Sie an etwas anderes denken.

- Dann üben Sie SWAWO für eine kurze Weile, bevor Sie «Om Präsenz» denken, während Ihre Aufmerksamkeit auf Ihrem gesamten Körper ruht ... Lassen Sie den Gedanken und den

Fokuspunkt los und üben Sie wieder SWAWO. Seien Sie bewusst achtsam auf diesen Augenblick, bis Sie bemerken, dass Sie an etwas anderes denken.

• Entweder wiederholen Sie die gesamte Abfolge von Calm-Gedanken oder öffnen langsam die Augen, wenn Sie bereit sind, die Calm-Sitzung zu beenden.

Toptipp: SWAWO unterwegs

Mind Calm eignet sich nicht nur für ein paar gelegentliche Übungen über den Tag verteilt, wenn Sie mal kurz die Augen zumachen wollen, sondern vor allem auch dafür, den gesamten Tag über bewusst achtsam zu bleiben. Wenn Sie Ihre Calm-Sitzung beenden, ist es toll, sofort SWAWO mit offenen Augen zu üben, während Sie sich wieder um Ihren Alltag kümmern. Dadurch können Sie sich die Achtsamkeit im gegenwärtigen Augenblick so angewöhnen, dass sie keine «Mühe» mehr macht und ganz selbstverständlich wird.

Wie Sie Ihre Calm-Sitzungen abwandeln können

Einer der Vorzüge von Mind Calm besteht darin, dass es eigentlich keine festen «Spielregeln» gibt. Im Gegenteil, Mind Calm bietet eine ganze Reihe von Anwendungsmöglichkeiten, die sich Ihren individuellen Vorlieben und wechselnden Bedingungen anpassen.

Obwohl wir eine eher traditionelle Calm-Sitzung durchgespielt haben, bei der Sie alle Calm-Gedanken in der Reihenfolge «abarbeiten», wie sie auf Seite 118 genannt sind, sind Sie natürlich frei, sie so anzuwenden, wie es sich am besten für Sie eignet. Im Folgenden werden die üblichsten drei Calm-Sitzungs-Alternativen aufgeführt.

1. Jeden Calm-Gedanken durchgehen

Sie gehen ähnlich vor wie auf Seite 117 beschrieben. Zu Beginn der Calm-Sitzung nehmen Sie sich vor, alle zehn Calm-Gedanken durchzuarbeiten. Dann schließen Sie die Augen, üben SWAWO, und los geht's! Sie können jeden Calm-Gedanken nur einmal denken und dann mit dem nächsten fortfahren (wenn Sie wenig Zeit haben); oder wenn Sie es spielerisch angehen lassen möchten oder an diesem Tag einen unruhigeren Geist haben, können Sie jeden Calm-Gedanken ein paarmal wiederholen, bevor Sie mit dem nächsten fortfahren.

2. Wenden Sie nur einen einzigen Calm-Gedanken an

Beginnen Sie, indem Sie sich fragen, worauf Sie sich am meisten während Ihrer Calm-Sitzung konzentrieren möchten. Vielleicht wünschen Sie sich mehr Frieden oder haben das Gefühl, es könnte Ihnen guttun, liebevoller zu sein. Oder Sie haben festgestellt, dass Ihnen Klarheit fehlt, sodass Sie beschließen, sich darauf zu konzentrieren. Wenn Sie wissen, welchen Calm-Gedanken Sie bearbeiten möchten, üben Sie SWAWO und beginnen mit Ihrer Calm-Sitzung.

3. Gehen Sie die Calm-Gedanken durch, die Sie sonst eher vermeiden

Beginnen Sie damit, dass Sie sich fragen, mit welchen der zehn Calm-Gedanken Sie sich eher unbehaglich fühlen oder welche Sie generell meiden. Jedes Vermeidungsverhalten oder Unbehagen in Bezug auf bestimmte Calm-Gedanken kann bedeuten, dass dort eine Blockade oder ein Widerstand vorliegt und deren Auflösung Ihnen guttun würde. Wenn Sie ihnen Ihre Zeit, Aufmerksamkeit und Liebe schenken, werden Sie sehen, dass etwaige Blockaden verschwinden; vielleicht stellen Sie sogar Verbesserungen im betreffenden Lebensbereich fest.

Calm-Momente: Üben mit offenen Augen

Sie können es sich schneller angewöhnen, innerlich aufmerksamer mit Stille umzugehen, indem Sie in «Calm-Momenten», wie ich es nenne, mit offenen Augen eine Mind-Calm-Meditation durchführen. Dazu wählen Sie einen Calm-Gedanken aus und setzen es sich zu Beginn des Tages zum Ziel, ihn tagsüber stets zu denken, wann immer er Ihnen einfällt. Zu diesen Gelegenheiten üben Sie SWAWO, denken Ihren Calm-Gedanken und machen Sie weiter mit Ihrer jeweiligen Arbeit bis zum nächsten Mal, wenn Ihnen der Calm-Gedanke erneut einfällt und Sie alles wiederholen. Wenn Sie solche Calm-Momente bei offenen Augen in Ihrem Alltag kultivieren, kann sich die Wirkung der Calm-Meditation um ein Vielfaches erhöhen.

Tägliches Üben empfiehlt sich

Wir sind es gewohnt, in der Hektik unseres modernen Lebens zu viel zu denken, gestresst zu sein und uns den gegenwärtigen Moment entgehen zu lassen. Glücklicherweise kann es auch zur Angewohnheit werden, inneren Frieden zu genießen. Mind Calm hilft Ihnen bei der inneren Verschiebung Ihrer Aufmerksamkeit vom Inhalt Ihres Lebens (von Gedanken und Emotionen, von Körper- und Lebensumständen, die sich alle ständig verändern) auf den friedvollen Rahmen des gegenwärtigen Augenblicks. Die besten Ergebnisse, so empfehle ich immer, erhalten Sie, wenn Sie zwei oder drei Mind-Calm-Meditationen pro Tag von 10 bis 20 Minuten Länge absolvieren. Gute Tageszeiten hierfür sind gleich nach dem Aufwachen am Morgen, nachmittags, vor dem Abendbrot und vor dem Schlafengehen.

Kurz, dafür aber öfter zu üben ist der beste Weg, um die Effekte von Mind Calm zu optimieren – eine gute Nachricht, nicht wahr, denn jeder hat während des Tages hier und da 10 bis 20 Minuten zu erübrigen. Zusätzlich zu Ihren Calm-Sitzungen mit geschlossenen Augen sollten Sie regelmäßig in Ihren Tagesablauf, wann immer Sie daran denken, Calm-Momente bei geöffneten Augen einbauen. Dabei üben Sie einfach SWAWO, denken einen Calm-Gedanken und fahren fort mit dem, was Sie gerade tun, bis zum nächsten Mal, wenn Sie wieder daran denken.

Am effektivsten steigen Sie in die Mind-Calm-Praxis ein, wenn Sie das zehnstufige Mind-Calm-Programm aus Teil II (ab S. 169) absolvieren.

Die Motivation zu meditieren

Sie kennen nun eine Meditationstechnik und einige Möglichkeiten, wie Sie sie in Ihren Tagesablauf integrieren können. Seien wir ehrlich, Meditation funktioniert jedoch nur, wenn Sie's tun. Mir ist sehr wohl bewusst, dass Sie schon vielbeschäftigt genug sind, und jetzt rate ich Ihnen, noch einen Termin in Ihren ohnehin vollen Terminkalender zu pressen. Um Sie zu einer gewissen Regelmäßigkeit der Mind-Calm-Meditation zu ermutigen, ist dies ein guter Zeitpunkt, Sie an die größte Hoffnung Ihres Herzens zu erinnern, die Sie in Kapitel 3 benannt haben (siehe S. 68). Dies wird Sie nicht nur bei der Stange halten, sondern es kann Ihnen auch über Durststrecken hinweghelfen, etwa wenn Sie die «Nebenwirkungen» erleben, die sich beim Meditieren einstellen können.

Kapitel 8

VERBLÜFFENDE
MEDITATIONSEREIGNISSE

Verblüffende Dinge können während einer Meditationssitzung passieren, was dieses Kapitel vielleicht zu einem der wichtigsten in diesem Buch macht. Obwohl Sie Mind Calm die meiste Zeit über wahrscheinlich genießen werden, können einige Dinge vorkommen, über die Sie besser vorher Bescheid wissen sollten. Wenn Sie nämlich nicht wissen, was beim Meditieren passieren kann und warum, dann werden Sie sehr wahrscheinlich glauben, dass Sie etwas falsch machen, dass es nicht funktioniert, und – was am tragischsten wäre – wieder aufhören, bevor die vielen positiven Wirkungen einsetzen konnten.

*Häufige «Nebenwirkungen» der Meditation
zu kennen wird Ihnen helfen, voller Zuversicht
weiterzumachen, dass Mind Calm funktioniert.*

Wenn Sie über solche möglichen Ereignisse nichts wissen und einfach fortfahren, besteht darüber hinaus die große Gefahr, dass Sie frustriert sind und sich gegen das wehren, was passiert. Diese Haltung macht eine Meditation unnötig unangenehm. Bitte beherzigen Sie also, was ich Ihnen nun mitteilen will – es kann das Zünglein an der Waage sein, ob Mind Calm für Sie die Meditationstechnik ist, nach der Sie immer schon gesucht haben, oder ob Sie sich im Stich gelassen fühlen von einer Methode, die eigentlich sehr viel zu bieten hat, Ihnen aber nicht die Ergebnisse bringt, die Sie sich gewünscht haben.

Die Theorie hinter dem, was passiert

Ich habe bereits erwähnt, dass der Mind einfach glücklich sein will. Ihr Körper hat die natürliche Veranlagung zu heilen, sooft er Gelegenheit dazu hat. Mind Calm bietet ihm diese Gelegenheit. Wenn Sie die Augen schließen, SWAWO üben und mit Ihren Calm-Gedanken herumspielen, werden Sie feststellen, dass Ihr Körper sich dabei enorm erholt.

Wenn der Körper ruht, heilt er.

Heilung ist ein aktiver Prozess: Der Körper lässt aufgestauten Stress vom vergangenen Tag, von einer ganzen Woche, einem ganzen Jahr oder einem ganzen Jahrzehnt los, während Ihre unglaubliche innere Intelligenz Wartungs- und Reparaturarbeiten durchführt. Dank der wissenschaftlich erwiesenen Körper-Mind-Verbindung spiegelt sich diese ganz natürliche und positive Heilungsaktivität in Ihrem Mind wider – und auch dort bewegt sich etwas.

Im Laufe Ihres Lebens hat sich Stress in Ihrem Körper angesammelt. Vielleicht hatten Sie eine schwere Kindheit, haben Traumata erlebt, schlimme Trennungen hinter sich und/oder einfach viel Druck in Bezug auf Familie, Finanzen, Arbeit, Ihr Heim und so weiter aushalten müssen. Für einige Menschen scheint es nicht genug Stunden in der Nacht zu geben, um im Schlaf all den Stress loszulassen, den sie am Tag, in der Woche, in den Jahren oder Jahrzehnten zuvor angesammelt haben.

Wenn Sie sich also zum Meditieren niederlassen, wird Ihr Körper sofort alles unternehmen, um den angestauten Stress loszuwerden. Diese Bewegung im Körper lässt sich auch im Mind nachvollziehen, und zwar in vielerlei Hinsicht. Die acht häufigsten Meditationsereignisse lernen Sie im Folgenden kennen.

Acht häufige Meditationsereignisse, auf die Sie achten sollten

Ereignis 1: Erinnerungen

Während Ihr Mind sein Bestes tut, um die stressabbauenden Aktivitäten im Körper zu verstehen, bemerken Sie vielleicht, dass Erinnerungen auftauchen. Das können Erinnerungen sein an das, was an diesem Tag passiert ist, sie können sich aber auch auf etwas beziehen, das schon viel früher in Ihrem Leben geschehen ist. Wenn sie positiv sind, tappen Sie womöglich in die Falle des Minds, ihnen zu viel Aufmerksamkeit zu schenken. Sobald Sie das tun, verlassen Sie den gegenwärtigen Augenblick, sind nicht mehr bewusst achtsam und verlieren sich in diesen Erinnerungen. Auch wenn sie eine Weile angenehm sein mögen, sind positive Erinnerungen tot verglichen mit der ehrfurchtgebietenden Lebendigkeit des Hier und Jetzt. Also lassen Sie sie los.

Am anderen Ende des Spektrums der Erinnerungen befinden sich diejenigen, die Sie am liebsten für immer vergessen würden. Immer, wenn negative Erinnerungen auftauchen, fühlt man sich versucht, sie zu analysieren oder sie zu verdrängen: *Warum fällt mir jetzt diese alte Erinnerung wieder ein? Ich dachte, ich hätte sie in all den Jahren der Therapie verarbeitet. Schätze, das war mal wieder reine Geldverschwendung!* Nein, keineswegs, denn ich bin sicher, dass Ihnen die Therapie sehr wohl genutzt hat. Was Sie allerdings während Ihrer Mind-

Calm-Sitzung beobachten, ist, dass Ihr Körper endlich dazu kommt, all das loszulassen. Das ist etwas sehr Positives! Sie möchten, dass die Erinnerung durch Ihr Bewusstsein zieht und es dann wieder verlässt. Denken Sie daran: Sie binden sich an alles, wogegen Sie sich wehren. Negative Erinnerungen wegzuschieben verleiht ihnen Macht, die ihnen nicht zusteht, und ist kontraproduktiv, denn Widerstand verursacht nur noch mehr Stress. Das Beste, was Sie tun können, wenn Sie negative Erinnerungen in Ihrem Mind wahrnehmen, ist, SWAWO einzusetzen. Ja, Ihr Mind möchte vielleicht sofort Ihre Aufmerksamkeit wieder auf sich ziehen, indem er die Erinnerung erneut abspielt. Wenn das passiert, lassen Sie alles Beurteilen sein und wehren Sie sich nicht gegen die Erinnerung, sondern lassen Sie sie mit Hilfe von SWAWO einfach wieder ziehen. Nach einer Weile werden Sie sehen, dass die Erinnerung verblasst, da Sie aufgehört haben, ihr Ihre Aufmerksamkeit zu schenken.

Toptipp: Frieden-mit-dem-Mind-Protokoll

Bei hartnäckigeren negativen Erinnerungen, die einfach nicht verschwinden wollen, sollten Sie das Frieden-mit-dem-Mind-Protokoll (ab S. 151) ausprobieren. Es ist eine höchst effektive, nichttherapeutische Methode, Frieden zu schließen mit intensiveren Erinnerungen, die sich immer wieder aufdrängen.

Ereignis 2: Traumbilder

Vielfältige Stressfaktoren, die Ihr Körper alle gleichzeitig loslässt, können in Ihrem Mind in Gestalt von abstrakten, traumähnlichen Bildern auftauchen. Träume sind eine der Methoden, mit denen der Mind das Loslassen von verschiedenen körperlichen Stressen interpretiert – was erklären hilft, warum man meistens nachts träumt, wenn der Körper den tiefsten Entspannungszustand erreicht. Obwohl es üblich ist, seine Träume zu analysieren – womöglich mit der positiven Absicht, etwas daraus zu lernen –, kann das zur Falle werden.

Traumdeutung rechtfertigt langes Nachdenken und ist nur wieder eine Ablenkung von der Achtsamkeit für den gegenwärtigen Augenblick. Obwohl einige Träume faszinierend sein mögen – von den witzigen ganz zu schweigen –, sollten Sie sie so rasch loslassen, wie sie auftauchen, indem Sie zu SWAWO zurückkehren und mit Ihrer Calm-Sitzung weitermachen. Das wird es Ihrem Körper ermöglichen, schneller zu heilen, und auf lange Sicht zu mehr Mind Calm führen.

Ereignis 3: Tausend Gedanken

Von Zeit zu Zeit werden Sie eine absolut erstaunliche Meditationssitzung erleben, bei der Ihr Körper viel Stress loslässt und zugleich viele Heilungs- und Wiederherstellungsprojekte in Angriff nimmt. Das einzige Problem mit diesen Meditationen ist, dass Sie vermutlich nicht spüren, wie erstaunlich sie sind – hauptsächlich weil die Heilungsaktivitäten in Ihrem Körper sich in Ihrem Mind in Form von tausend Gedanken äußern können.

Im Verlauf solcher produktiver Meditationssitzungen ist es nicht ungewöhnlich, wenn der Kommentator in Ihrem Mind sich – wenig hilfreich – zu Wort meldet: *«Das funktioniert doch nicht!»* oder *«Ich denke, ich breche jetzt ab und versuche es später noch mal.»* Wenn Sie nicht aufpassen, kann Ihr Geist unter diesen Umständen dafür sorgen, dass Sie von einer höchst heilsamen Meditation nichts mehr haben. Unruhige Calm-Sitzungen sind hervorragende Gelegenheiten zu üben, Ihren Frieden mit

Ihren Gedanken zu machen. Lassen Sie sie kommen und gehen und denken Sie dabei daran, dass das alles in dem großen und weiten Raum des achtsamen Bewusstseins stattfindet. Wenn Sie unruhige Calm-Sitzungen zu vermeiden versuchen oder sich gegen sie wehren, werden Sie niemals die innere Freiheit und Furchtlosigkeit genießen können, die aus dem Frieden mit dem Mind erwächst.

*Der Himmel kümmert sich nicht darum,
wie viele Vögel über ihn fliegen oder ob es schwarze
Vögel oder weiße Turteltauben sind.
Ganz ähnlich kümmert sich das achtsame
Bewusstsein weder um die Quantität noch um die
Qualität der Gedanken, die in ihm ablaufen.*

Nur für Ihren Mind ist es wichtig, wie viele Gedanken auftauchen oder ob sie schön oder hässlich sind. Immer, wenn Sie tausend Gedanken haben, machen Sie SWAWO und spielen Sie damit, die Gedanken zu betrachten, anstatt sie zu sein.

Wenn der Mind bemerkt, dass sich Gedanken einstellen, produziert er für gewöhnlich Gedanken zu diesen Gedanken. In solchen Fällen denken Sie also über Ihre Gedanken nach – was irgendwie irrwitzig ist, wenn man es recht bedenkt! Vertrauen Sie mir: Nachzudenken übers Nachdenken ist vielleicht eine der sinnlosesten Arten des Nachdenkens. Also vergessen Sie nicht:

Viel Denken beim Meditieren = viel Heilen!

Toptipp: Vertrauen Sie Ihren Spiegeln

Wissen Sie, was bei Meditation und Mind wirklich sehr komisch ist? Das Ziel regelmäßiger Meditation ist nicht, Ihren Mind zu verändern, sondern in achtsamem Bewusstsein zu verweilen und so die Beziehung zu Ihrem Mind zu verändern. Das bedeutet: Wenn Sie das Bewusstsein für den gegenwärtigen Augenblick verlassen, um den Mind zu fragen, wie Sie vorankommen, wird seine Antwort oft lauten, es hätte sich doch nichts verändert. Und er hat womöglich sogar recht. Nichts hat sich im Inhalt des Minds verändert. Dieselben alten Denkmuster machen fröhlich weiter. Doch wenn Sie die Menschen in Ihrem Leben fragen, ob Sie ihrer Meinung nach Fortschritte machen, werden Sie häufig hören, dass Sie erheblich ruhiger, freundlicher und glücklicher geworden sind.

Wegen des Bewertungsspiels, des reflexhaften Widerstands, der Bedingungsfalle und der Zeitfalle wird Ihr Mind vielleicht nie wirklich ruhig, zufrieden oder glücklich sein. Zum Glück müssen Sie nicht länger warten. Schalten Sie SWAWO ein und machen Sie es zur Priorität, sich des inneren Bewusstseins klarzuwerden, das keinen Grund hat, nicht glücklich, friedvoll, liebevoll und frei zu sein.

Meditation funktioniert, wenn Sie sie oft genug praktizieren. Machen Sie weiter, selbst wenn Ihr Mind Ihnen zum Aufgeben rät. Vertrauen Sie lieber klugen Menschen in Ihrem Leben, die Ihnen die Veränderungen zurückspiegeln, die sie an Ihnen wahrnehmen.

Ereignis 4: Emotionale Energie

Ein weiteres Ereignis beim Meditieren sind auftretende Emotionen. Gedanken und Emotionen gehen ohnehin Hand in Hand. Entweder haben Sie Gedanken, und entsprechende Emotionen stellen sich ein, oder Ihr Mind stellt eine emotionale Energie in Ihrem Körper fest und beginnt, darüber nachzudenken, worum es sich handelt und warum Sie sie fühlen, etikettiert sie als gut oder schlecht und beginnt, Pläne zu schmieden, wie er die Emotionen loswerden kann, die er als schlecht einstuft. Unabhängig davon erweist es sich als äußerst heilsam, Ihre Emotionen ganz ähnlich wie Ihre Gedanken zu behandeln – sie zu sehen und gegenwärtig sein zu lassen, ohne in die natürliche Aktivität einzugreifen.

Frieden mit den Emotionen

Als ich mit dem Meditieren begann, trennte ich mich gerade von einer Beziehung und verlor auch das Kind, das ich aufgezogen hatte, weil ich nicht der leibliche Vater war; außerdem verlor ich das Haus, in dem ich gelebt, und ebenso eine Firma, an deren Aufbau ich hart mitgearbeitet hatte. Kurzum, ich meinte, meine Familie, mein Zuhause, meine Karriere und finanzielle Stabilität zu verlieren. Das war eine der herausforderndsten Zeiten in meinem Leben.

Glauben Sie, dass es nur ruhig und still in mir war, wenn ich mich zum Meditieren hinsetzte? Überhaupt nicht!

All der Stress aus der Trennung und die Traurigkeit und die Angst vor den aufgezwungenen Veränderungen wollten losgelassen werden. Mein Mind erlebte einen ungeheuren inneren Aufruhr und wollte herausfinden, was gerade mit mir geschah und wie ich es wieder geradebiegen konnte. Das Ergebnis all meines Kopfzerbrechens war, dass ich mich von einer Flut intensiver Emotionen von Wut bis hin zu Verzweiflung überschwemmt fühlte. Um mich besser zu fühlen, versuchte ich es mit Meditation, durch die ich die schlechten Gefühle loswerden wollte. Damit verfehlte ich den Sinn und Zweck von Meditation vollkommen; denn bei ihr geht es hauptsächlich darum zu lernen, wie man Frieden mit den eigenen Gedanken, Emotionen und dem Leben im Allgemeinen schließt.

Was ich zu dieser Zeit nicht erkannte: Indem ich mich anstrengte, meine negativen Emotionen loszuwerden, sorgte ich in Wahrheit dafür, dass sie noch länger blieben. Indem ich sie «wegwünschte», richtete ich ständig meine Aufmerksamkeit auf sie. Ich überprüfte dauernd, ob sie schon fort wären, und das ließ ihnen keinen Raum, zu verschwinden oder in mir präsent zu sein. Hinzu kam, dass ich nicht erkannte, wie mein Mind meine Gefühle verurteilte und sich gegen sie wehrte. Alles in allem ein wirklich unangenehmer und frustrierender Anfang meiner Meditationsreise.

Seither habe ich mich aktiv und spielerisch mit meinen Gefühlen angefreundet und ihnen den Raum gegeben, einfach zu sein. Durch eine bewusste, ausgeglichene und tiefe Atmung (die meisten Menschen halten den Atem an, wenn sie etwas nicht fühlen wollen) und die Betrachtung der Verurteilung meiner Gefühle durch meinen Mind habe ich herausgefunden, dass diese sofort aufhören, «negativ» zu sein. Stattdessen erfüllen sie meinen Körper mit einer lebenspendenden Energie und machen am Ende oft einen erfreulichen Teil der Meditationssitzung aus.

Wenn also auch Sie etwas durchleben, das Ihr Mind als negative Emotion etikettiert, dann achten Sie auf das, was passiert, wenn Sie SWAWO einschalten und sie einfach ohne Widerstand so sein lassen.

Wenn Sie bewusst achtsam sind und die Emotionen in
Ihnen gegenwärtig sein lassen, werden Sie
vielleicht sehen, dass sie vorbeiziehen oder bleiben.
Wie auch immer, Ihnen ist es egal, und Sie werden
die Befreiung genießen, die aus dem Frieden
mit Ihren Emotionen entsteht.

Ereignis 5: Körperempfindungen

Stress, der sich durch den Körper bewegt und von ihm losgelassen wird, äußert sich in einer breiten Palette von Körperempfindungen. Vielleicht verspüren Sie ein Jucken, ein kurzzeitiges Zwicken oder auch einen vorübergehenden Schmerz irgendwo in Ihrem Körper. Aus Gewohnheit ist es normal für den Mind, jede unerwartete Körperwahrnehmung zu bewerten und Widerstand gegen sie zu leisten. Noch einmal – dies kann zur mentalen Falle werden, wenn Sie sich auf Nachdenken über diese Empfindungen einlassen: *Was ist das? Warum taucht es auf? Wie lange wird es wohl anhalten? Wie kann ich es verschwinden lassen?*

Frieden mit dem Schmerz

Immer, wenn Sie eine mit Schmerz verbundene Körperempfindung registrieren, ist es sehr nützlich, SWAWO einzuschalten und sich vorübergehend darauf zu konzentrieren. Deutlicher ausgedrückt: Wenn Sie körperlichen Schmerz spüren, sollten Sie auf die Körperwahrnehmungen achten, nicht auf die Gedanken, die der Schmerz vielleicht auslöst. Diese Abgrenzung ist wichtig, denn sie ist der Unterschied zwischen Schmerz und Leiden. Leiden stellt sich ein, wenn Sie beginnen, über den physischen Schmerz nachzudenken. Erkennen Sie den Unterschied?

Ich weiß, es gibt nur einen schmalen Grat zwischen Schmerz

und Leiden, besonders, wenn es sehr wehtut. Ihr Mind sagt vielleicht: *Ich leide unter meinen großen Schmerzen.* Dennoch sieht die Wirklichkeit so aus, dass das Leiden daher rührt, dass Sie den Schmerz bewerten. Wenn Sie die Verurteilung des Minds und den Widerstand gegen die Körperempfindung einfach betrachten, können Sie friedlich mit physischen Beschwerden leben. Das ist eine wahrlich erstaunliche Neuigkeit, denn es bedeutet, dass Sie nicht warten müssen, bis Ihr physischer Körper sich verändert oder bessert, bevor Sie im beruhigenden Feld des achtsamen Bewusstseins ruhen können.

Lassen Sie Schmerz oder andere Körperempfindungen zu Ihrem Lehrer werden, der Ihnen sofort Feedback gibt, ob Sie achtsam bewusst sind oder sich in Gedanken über das verlieren, was in Ihrem Körper passiert.

Bei einigen Menschen führt das Bewusstmachen und Beobachten ihrer Empfindungen dazu, dass diese schwächer werden oder sogar völlig verschwinden. Bei anderen bleiben sie, nicht aber das Leiden. Durch den Schmerz sagt Ihnen Ihr Körper, dass etwas Ihre Aufmerksamkeit verlangt. Vielleicht brauchen Sie professionelle Hilfe und müssen aktive Schritte unternehmen, um Ihren Körper bei der Heilung zu unterstützen. Hauptsache, Sie wissen, dass sich alle möglichen Körperwahrnehmungen einstellen können, wenn Sie meditieren; wenn das der Fall ist, lassen Sie sie kommen und gehen in dem Wissen, dass Sie gerade Zeuge sind, wie Stress losgelassen wird, Heilung geschieht und in einigen Fällen Ihr Körper sich äußert.

Ereignis 6: Nickerchen und Mickerchen

Wenn das Körper-Mind-System Ruhe braucht, schlafen Sie vielleicht bei einer Meditation ein. Das ist absolut natürlich, und Sie sollten sich nicht dagegen wehren. Wenn Sie jedoch jedes Mal einschlafen, sobald Sie eine Calm-Sitzung beginnen, müssen Sie vielleicht Ihre Meditationspraxis ein klein wenig verändern.

Obwohl es keine strengen Haltungsregeln gibt, wird es vermutlich nicht zu einer effektiven Meditation führen, sondern zwangsläufig zum Einschlafen, wenn Sie sich gemütlich auf eine Couch oder ein Bett legen und in Ihre Lieblingsdecke kuscheln. Falls Sie dabei also öfter einschlafen als wach bleiben, sollten Sie sich aufrecht hinsetzen. Denn je weiter Ihr Kopf nach hinten geneigt ist, desto weniger aufmerksam werden Sie sein, und desto mehr Gedanken werden sich normalerweise einstellen. Setzen Sie sich also aufrecht hin, aber so, dass Sie es zu jeder Zeit bequem haben – Unbehagen kann zur unnötigen Ablenkung vom eigentlichen Ziel der Mind-Calm-Sitzung werden.

Es kann ebenfalls helfen, wenn Sie die Dauer Ihrer Calm-Sitzungen verkürzen. Zehn bis zwanzig Minuten aufmerksame Mind-Calm-Meditation sind besser als ein schläfriges Durchlavieren über eine ganze Stunde. Vielleicht hätten Sie auch gern etwas Abwechslung beim Meditieren. Ich habe früher immer um 16 Uhr einige Stunden lang meditiert; doch dann stellte sich heraus, dass das genau der Zeitpunkt war, an dem mein Körper eigentlich eine Siesta gebraucht hätte. Heute meditiere ich nur noch zu Zeiten, da ich hellwach bin.

Beobachten Sie, zu welchen Tageszeiten Sie am wachsten sind, und schließen Sie die Augen, damit sich maximales Bewusstsein einstellen kann.

Ein bisschen körperliche Bewegung vor einer Calm-Sitzung kann ebenfalls wacher machen. Sie müssen ja keinen Marathon laufen oder sportliche Höchstleistungen erbringen. Zwei oder drei Yogahaltungen, ein paar Scherensprünge oder einmal die

Treppe hinauf und hinunter genügen schon; wenn Sie das mit einem erfrischenden Glas guten Wassers kombinieren, werden Sie sehen, dass die Wahrscheinlichkeit einzuschlafen sinkt. Insgesamt ist beim Schlaf entscheidend, sich nicht gegen die natürlichen Bedürfnisse Ihres Körpers zu wehren. Wenn Sie schlafen müssen, werden Sie sich den Schlaf auch holen; aber wenn Sie jedes Mal beim Meditieren einschlafen, kann sich keine regelmäßige Meditationsroutine entwickeln, sondern Sie halten nur ein «Mickerchen», wie ich es liebevoll nenne. Mickerchen sind Nickerchen, die mit einer kurzen Meditation beginnen. Um die besten Ergebnisse zu erzielen, sollten Sie sich vornehmen, beim Meditieren hellwach zu bleiben – Sie schließen die Augen, um noch wacher zu werden.

Ereignis 7: Frieden, Liebe, Freude und Einssein

Keine Sorge, es gibt nicht nur schlechte Nachrichten! Mind Calm kann natürlich vor allem zu Frieden, Freude und auch Liebe im Überfluss führen. Sie werden zuzeiten einen ungeheuren, tiefen Frieden spüren, als würden Sie in einem ruhigen Meer der Stille treiben. In glücklichen Zeiten wie diesen werden Sie ein breites Lächeln auf Ihrem Gesicht registrieren und vielleicht sogar den Drang haben, laut herauszuplatzen vor Lachen. Lassen Sie Ihrer Freude freien Lauf.

Liebe und das Gefühl des Einsseins können wunderbare Nebenwirkungen des Loslassens von Werturteilen, Widerstand und Anhaftung sein, aber auch des Ruhens in der Präsenz Ihres Seins.

Konstrukte des Minds, die die Illusion eines getrennten «Ich» geschaffen haben, fallen weg und machen einem von Liebe erfüllten, geeinten Bewusstsein Platz. Sie empfinden tiefe Liebe und tiefes Mitgefühl für sich selbst und jeden, dem Sie begegnen – unabhängig davon, wie lange Sie ihn kennen, wie seine Persönlichkeit gestrickt sein mag, oder von anderen Kriterien, auf die sich Ihr Mind bisher gestützt hat, um andere als «liebenswert» einstufen zu können. Wenn Sie die Regeln Ihres Minds loslassen, die Ihnen vorschreiben, wie Menschen, Orte, Ereignisse oder Dinge auszusehen haben, damit Sie sie als liebenswert einstufen, werden Sie sich den lieben langen Tag verlieben. Auf ganz natürliche Weise gehen Sie eine Verbindung mit anderen ein, aus Ihrem bedingungslosen Herzen heraus, das nur immer Liebe geben will, ohne im Gegenzug etwas zu erwarten. Es ist meine Hoffnung, dass Sie das von Liebe erfüllte Einssein erleben werden, das das natürliche Nebenprodukt der Einheit mit dem Bewusstsein ist, welches in Ihnen, in jedem anderen, in allem anderen und auch in dem Raum dazwischen existiert.

Toptipp: Der Mind kann Ruhe nicht kopieren

Der Mind ist immer in Bewegung, denn er besteht aus Gedanken und Emotionen, die kommen und gehen. Deshalb kann Ihr Mind das Erlebnis ruhigen, stillen Raums nicht nachahmen. Demzufolge gehen Sie über Ihren Mind hinaus, wenn Sie präsent sind im gegenwärtigen Augenblick, und erleben unmittelbar Bewusstsein, wenn Sie auf die Gegenwart ruhigen, stillen Raums in Ihnen aufmerksam werden. Das hilft, Konfusion darüber zu vermeiden, ob Sie präsent sind oder nicht; denn Sie können sich sicher sein, dass Sie, wenn Sie darüber nachdenken, ob Sie gerade präsent sind, es definitiv nicht sind.

Ereignis 8: Ruhiger, stiller Raum

Ruhe, Stille und innere Weite sollten auch ausgekostet werden. Wenn Sie sich während der Meditation einer Ruhe oder Stille oder inneren Weite bewusst werden, dann richten Sie sanft Ihre Aufmerksamkeit darauf. Zu solchen Zeiten erleben Sie Bewusstsein unmittelbar. Denken Sie daran: Der Mind existiert nur, wenn er in Bewegung ist. Er gibt sich als Stimme in Ihrem Kopf aus, die zuweilen recht laut werden kann. Außerdem kann er Sie sehr einschränken, und zwar weil er sich von Natur aus über das Denken definiert. Wenn Sie also auf den ruhigen, stillen Raum aufmerksam werden, ist das ein sehr gutes Zeichen dafür, dass Sie über die Begrenzungen des Minds hinausgelangt sind und im Unendlichen ruhen.

Ein großer spiritueller Lehrer hat einmal gesagt: «Werde still und erfahre, dass du Gott bist.» Diese acht Wörter vermitteln kurz und bündig die vielleicht einzige Strategie, die Sie letztlich brauchen, um frei von Angst und voller Frieden, Liebe und Freude zu leben. Außerdem ist meiner bescheidenen Meinung nach das Wissen, dass Sie nicht getrennt vom Göttlichen existieren und jeden Tag die Gegenwart des Grenzenlosen erfahren, ein Hauptgrund dafür, dass Sie geboren wurden.

Werde ruhig und lass alles los

Stress will losgelassen werden, Heilung will stattfinden, und der Mind will seine Spielchen spielen. Glauben Sie bloß nicht, dass Mind-Calm-Meditation nicht funktioniert, nur weil Sie auf Erinnerungen stoßen, sich in mentalen Wachträumen verlieren, tausend Gedanken oder unangenehme Emotionen haben, Körperempfindungen bemerken oder manchmal ein Nickerchen oder Mickerchen einlegen. All das lässt sich nicht vermeiden und tritt manchmal sogar in ein und derselben Calm-Sitzung auf! Der einzige Teil von Ihnen, den es jemals interessiert, wie Ihre Meditation aussieht und sich anfühlt, ist Ihr Mind. Werden Sie frei, einfach zu sein – indem Sie alles loslassen.

Es gibt keine «guten» oder «schlechten»
Meditationssitzungen –nur wertendes Denken
lässt sie als solche erscheinen.

Phantastische Gemütszustände – darunter Frieden, Freude und Liebe – warten darauf, wertgeschätzt und genossen zu werden. Alles, was Sie tun müssen, um sich die ganze Bandbreite an angenehmen Empfindungen zu erschließen, die Ihr Sein ausmachen, ist, bereit zu sein, den Klammergriff Ihres Minds zu lösen. Richten Sie Ihre Aufmerksamkeit auf das Bewusstsein für den gegenwärtigen Augenblick und werden Sie still.

Zusammenfassung
der acht häufigen Meditationsereignisse

1. Erinnerungen
2. Traumbilder
3. Tausend Gedanken
4. Emotionale Energie
5. Körperempfindungen
6. Nickerchen und Mickerchen
7. Frieden, Liebe, Freude und Einssein
8. Ruhiger, stiller Raum

Nachdem ich Ihnen die häufigsten Meditationsereignisse aufgezeigt habe, hoffe ich, dass Sie nun eher bereit sind, sie sowohl geschehen als auch gehen zu lassen, wann immer sie auftauchen. Gegen die hartnäckigeren Gedanken und unangenehmeren Emotionen, die sich einstellen können, empfehle ich, die nächsten beiden Kapitel zu lesen, um die optimale Geisteshaltung fürs Meditieren zu entwickeln und zudem ein Verfahren zu erlernen, um Frieden mit allen problematischen Gedanken, Emotionen oder Körperempfindungen zu schließen, die man vielleicht schlechter loslassen kann, wenn man Mind Calm übt.

Kapitel 9

DIE OPTIMALE GEISTESHALTUNG BEIM MEDITIEREN

Wünschen Sie sich innere Ruhe, oder möchten Sie, dass sich jede Meditation genau so gestaltet und sich genau so anfühlt, wie Sie es Ihrer Meinung nach tun sollte? Leider kann es frustrierend sein, feste Vorstellungen davon zu haben, was gefälligst passieren soll, sodass Sie vielleicht abbrechen, noch bevor Sie die Ergebnisse bekommen, die Sie gern hätten. Wenn Sie Mind Calm genießen können möchten, rate ich Ihnen, sich die drei idealen Geisteshaltungen anzueignen, die in diesem Kapitel umrissen werden. Diese drei Geisteshaltungen werden wichtiger, nicht unwichtiger, je mehr Sie meditieren. Vertrauen Sie mir: Es ist leicht, unabsichtlich in eine starre Routine abzugleiten und zu versuchen, bestimmte Ereignisse während der Meditation zu erzwingen, je nach Geschmack Ihres Minds. Es ist natürlich, stille Ruhe erfahren zu wollen, wenn Sie meditieren, aber um Frieden mit dem Mind schließen zu können, ist es von entscheidender Bedeutung, dass Sie die folgenden Geisteshaltungen für die Übung von Mind Calm sowohl mit offenen als auch geschlossenen Augen verinnerlichen.

Die Geisteshaltungen für Mind Calm

Geisteshaltung 1: Was wird kommen?

Einmal war ich mit einer jungen Frau zusammen, die ein kleines Kind hatte. Als die Kleine laufen konnte, kam sie oft in mein Büro, stemmte die Beinchen in den Boden und fragte mit einem gespannten Blick aus weit aufgerissenen Augen: «Und was kommt jetzt?» Ich wandte mich ihr dann mit einem breiten Lächeln und ebenfalls weit aufgerissenen Augen zu und gab die Frage zurück: «Was kommt denn jetzt?» Sie begann, aus lauter Aufregung und Freude auf und ab zu springen. Bis heute denke ich voller Zuneigung daran, wie wunderbar unschuldig sie war, und ihre Begeisterung für das Leben war ansteckend und erfrischend.

Als ich regelmäßiger zu meditieren begann, vergaß ich ihre Lektionen in Unschuld und Neugier. Ich vergaß die Begeisterung dafür, nicht zu wissen, was kommen wird. Stattdessen versuchte ich, meinen Willen durchzusetzen. Ich setzte mich hin und versuchte, ohne es zu merken, meine Meditation so «hinzubiegen», wie mein Mind dachte, dass sie verlaufen und sich anfühlen sollte. Das führte rasch zu einem inneren Kampf gegen alles, was außerhalb meiner Vorstellungen davon passierte, wie die perfekte Meditation zu sein hatte. Anstatt voll unschuldiger Neugier zu sein wie ein Kind, bewertete ich, was geschah, und wehrte mich dagegen, was meine Meditation jedoch nur kontraproduktiv und anstrengend machte.

Auch Langeweile schlich sich in meine Meditationen ein, weil ich nicht mehr neugierig war. Da es mir an Forscherdrang und Beobachtungsgabe fehlte, schenkte ich meine Aufmerksamkeit dem Kommentator in meinem Kopf, der sagte, es gäbe so viele andere vergnüglichere und interessantere Dinge, die ich tun könnte, anstatt einfach nur dazusitzen und mit geschlossenen Augen zu meditieren.

Langeweile stellt sich als Nebenerscheinung ein,
wenn man nicht präsent ist und sich nicht neugierig
fragt: «Und was kommt jetzt?»

Immer, wenn Sie sich langweilen, haben Sie aufgehört, präsent zu sein, und zu denken angefangen. Wenn Sie eine neugierigere Geisteshaltung an den Tag legen, wird Ihre Meditation sofort belebender und erfreulicher werden. Sie werden sehen, dass Neugier auch eine wunderbare Spielart der Wachsamkeit ist. Je wachsamer Sie sind (indem Sie SWAWO anschalten), desto weniger Gedanken werden Sie auf ganz natürliche Weise haben, und innere Ruhe wird sich mehr als genug einstellen.

Auf die Uhr schauen

Hand in Hand mit der Langeweile geht das Auf-die-Uhr-Schauen. Wenn jemand vergisst, voll bei der Sache und neugierig zu sein, wird er letztlich weniger achtgeben auf das, was gerade passiert, und sich mehr damit beschäftigen, die 20- oder 30-minütige Meditation abzuspulen, die er sich vorgenommen hat. Was einer glatten Themaverfehlung gleichkommt, denn beim Meditieren geht es ja darum, den jetzigen Augenblick auszukosten.

Hüten Sie sich vor dieser weit verbreiteten Zeitfalle. Wenn Sie ständig auf die Uhr schauen, können Sie sicher sein, dass Sie die optimale Geisteshaltung, mit der Sie am meisten von der Meditation profitieren, nicht eingenommen haben. Die Zeit vergeht tatsächlich wie im Flug, wenn Ihnen etwas Spaß macht. Nehmen Sie sich einen Augenblick Zeit, an ein Hobby zu denken, das Sie absolut lieben. Wenn Sie damit beschäftigt sind, tritt die Zeit in den Hintergrund, und es können Stunden vergehen, weil Sie absolut vertieft in Ihr Tun sind. Dasselbe gilt für die Meditation. Sie ist weder ein Mittel zum Zweck noch eine monotone, dumpfe tägliche Routine, die Sie pflichtbewusst durchziehen. Sie sollte eine freudvolle Abenteuerreise durch ein zeit- und grenzenloses Bewusstsein sein. Die Wahl zwischen Dumpfheit und Vergnügen können Sie treffen, indem Sie sich stets fragen: «Und was kommt jetzt?»

Geisteshaltung 2: Her damit!
Um noch einmal zu den häufigsten Meditationsereignissen zurückzukehren: Das Meditieren kann schnell zur Qual werden, wenn man nicht offen ist, mit einem beherzten «Her damit!» alles willkommen zu heißen, was sich einstellen mag. Um die besten Ergebnisse zu erzielen, müssen Sie bereit sein, bedingungslos alles geschehen zu lassen. Vielleicht haben auch Sie sich schon dabei ertappt, dass Sie sich mit einem der folgenden Gedanken zum Meditieren hingesetzt haben:

- Ich hoffe, dass es keine unruhige Calm-Sitzung wird.
- Ich hoffe, dass diese unangenehmen Emotionen weggehen.
- Ich hoffe, dass es keine Geräusche und Ablenkungen von außen geben wird.
- Ich hoffe, dass ich nicht wieder einschlafe.
- Ich hoffe, dass ich nicht über schlimme Erinnerungen nachdenke.
- Ich hoffe, dass sich keine unangenehmen Körperempfindungen einstellen.

Die Liste lässt sich beliebig fortsetzen ...
Wenn Sie Bedingungen an Ihre Meditation knüpfen und sich dagegen wehren, wenn nicht alles nach dem Plan Ihres Minds

verläuft, dann führt das am Ende in einen inneren Kampf anstatt zu Gelassenheit. Sie werden Widerstand gegen die natürlichen Neigungen Ihres Minds und Körpers leisten und darin gefangen sein, dass alles immer nach Ihrem Wunsch laufen muss. Erinnern Sie sich: Eine solche Anhaftung entsteht dann, wenn Sie glauben, dass Bedingung X, Y oder Z Sie glücklicher, friedvoller, beliebter etc. machen wird. Diese Vorstellung unterstützt die Illusion, dass sich die Dinge erst ändern müssen, bevor Sie diese menschlichen Freuden genießen können. Doch in Wirklichkeit läuft es genau andersherum. Wenn Sie das Bedürfnis loslassen, dass etwas genau so sein muss und nicht anders, wird Ihr Mind ruhiger, und der fehlende Widerstand lässt zu, dass noch mehr erfreuliche Gemütszustände bei Ihnen eintreten können.

Das Bewusstsein für Lärm ist ein Gedanke

Als ich zu meditieren lernte, eilte ich aufgeregt nach Hause, um meine erste Meditationssitzung allein abzuhalten. Ich erinnere mich, dass ich mich auf meinem brandneuen Meditationskissen niederließ, eine Kerze anzündete und die Augen schloss. Ungelogen begann etwa eine Minute später ein ohrenbetäubender Presslufthammer vor meinem Schlafzimmerfenster den Asphalt aufzureißen. Sofort fing ich an, den Lärm zu bewerten und mich gegen ihn zu wehren. Ich weiß noch, dass ich dachte: *Das ist so typisch – ich kann bei diesem Krach nicht meditieren. Ich glaube, ich breche jetzt ab und versuche es später noch mal.* An diesem Tag hörte ich auf meinen Mind, stand auf und verpasste die einmalige Gelegenheit zu meditieren, während ich im Frieden mit meinen Gedanken an den Lärm war.

Das Bewusstsein für den Lärm ist ein Gedanke –
lassen Sie ihn also los, um zur inneren Stille
zurückzukehren.

Anstatt die Geräuschkulisse einfach wie einen Gedanken zu behandeln, setzte ich meine Meditationsreise in dem Glauben fort, dass ich äußere Stille bräuchte, um zu innerer Ruhe zu finden. In der Folge war ich jedes Mal genervt, wenn Hintergrundgeräusche beim Meditieren auftraten. Dasselbe galt auch für alle anderen Regeln meines Minds, die ich mir irgendwann auf die Fahnen geschrieben hatte, um Frieden zu erlangen. Ich dachte, ich müsse aufhören zu denken, emotionslos werden, dürfe mich körperlich nicht unbehaglich fühlen und meine äußeren Lebensumstände müssten perfekt sein, damit sich innerer Frieden einstellen konnte. Hoffentlich wissen Sie mittlerweile, dass dem nicht so ist. Wenn man sich auf dieses Denken einlässt, wird es schwer, nicht zum Kontrollfreak zu werden, der versucht, Mind, Körper und Leben dazu zu zwingen, seinen Vorstellungen von «perfekt» zu entsprechen, damit man endlich Ruhe finden kann. Das simple Gegenmittel gegen die Geisteshaltung, den Frieden auf später zu verschieben, wenn alles anders und besser sein wird, ist einfach die innere Einstellung «Her damit!».

Wenn jetzt Lärm auftritt, lasse ich es zu. Wenn Gedanken meinen Mind durchziehen wollen, lasse ich es zu. Wenn Emotionen auftauchen, lasse ich es zu. Und wenn ich Körperempfindungen habe, die mein Mind negativ bewerten könnte, betrachte ich die Bewertung und lasse meinen Körper tun, was er will. Wenn ich mich ein paar Minuten lang in Gedanken verloren habe, schaue ich nicht zurück, um mich runterzumachen; stattdessen nehme ich mir einen Augenblick Zeit, um dankbar zu sein, dass ich wieder im gegenwärtigen Moment aufgewacht bin.

Egal, was passiert – die simple Strategie,
es nicht zum Problem werden zu lassen,
besteht darin, es loszulassen
und mit SWAWO weiterzumachen

Geisteshaltung 3: Mit SWAWO weitermachen

Meditation funktioniert, wenn Sie regelmäßig üben. Vielleicht klingt das paradox, aber sie ist gleichzeitig eine Notmaßnahme und eine langfristige Gewinnstrategie. Das Üben von SWAWO führt unmittelbar zu innerer Ruhe, aber wenn Sie es zur Gewohnheit machen wollen, müssen Sie dranbleiben!

Ihr Mind liebt es, im Zentrum Ihrer Aufmerksamkeit zu stehen, und so wird er vielleicht die Verbannung ins Abseits nicht ohne einen kleinen Wutanfall hinnehmen. Bereiten Sie sich darauf vor, dass Ihr Mind Ihnen womöglich sagt, Sie seien heute zu hektisch, um zu meditieren, oder dass es doch sowieso nicht funktioniert. Bereiten Sie sich darauf vor, dass Ihr Mind auch an den Mind-Calm-Techniken herumkritisiert. Er will, dass Sie nach der nächsten Technik Ausschau halten und dann wieder der nächsten. Um optimale Ergebnisse zu erzielen, sollten Sie sich dazu zwingen, selbst zu Zeiten zu meditieren, an denen Sie es eigentlich nicht für sinnvoll halten.

Ich verspreche Ihnen, dass Sie in einem Jahr – wenn Sie weiter SWAWO üben – sehr viel mehr Ruhe und Zufriedenheit erleben werden, als wenn Sie gar nicht damit anfangen oder stur Ihre tägliche Routine durchziehen.

Sehen wir den Tatsachen ins Auge: Das kommende Jahr wird stattfinden, ob Sie nun meditieren oder nicht, deshalb können Sie sich auch ebenso gut für eine viel glücklichere Zukunft rüsten, indem Sie jeden Tag etwas Zeit für Ihr Mind-Calm-Programm reservieren.

Dauerhafter Frieden beginnt jetzt

Sich Frieden zu wünschen ist ganz natürlich und wunderbar. Die bemerkenswerte Nachricht ist, dass es möglich ist, ein ganzes Leben in Frieden zu leben. Sie sollten dennoch immer daran denken: Das Leben findet immer nur jetzt statt, deshalb geht es beim lebenslangen Frieden auch immer zu 100 Prozent darum, *jetzt* still zu werden. Wenn Sie möchten, dass Ihre Erfahrung der Ruhe anhält, dann machen Sie es sich einfach zur Priorität, jetzt Ihre innere Aufmerksamkeit auf den ruhigen, stillen Raum zu richten. Lassen Sie die Zukunft für sich selbst sorgen. Das Einzige, was eine Rolle spielt, ist, wo Ihre Aufmerksamkeit genau jetzt ist. Fragen Sie sich: *Schenke ich meine Aufmerksamkeit eher der Bewegung oder der Ruhe, den Geräuschen oder der Stille, den Dingen oder dem Raum?* Wenn Sie feststellen, dass Sie sich darum Gedanken machen, ob Ihre innere Ruhe von Dauer ist oder nicht, bedeutet das, dass Ihre Aufmerksamkeit nicht mehr in Ihrem reinen Bewusstsein ruht, sondern sich mit Hilfe Ihres Minds auf die Zukunft gerichtet hat. Seien Sie jetzt hier. Werden Sie jetzt ruhig, und Sie werden erkennen, dass Frieden präsent und von Dauer ist – das war er immer schon!

Die Ruhe hat Sie nie verlassen – Sie haben die Ruhe verlassen!

Das regelmäßige Spiel mit Mind Calm wird Ihnen helfen zu erkennen, dass Sie Ruhe jedes Mal erleben, wenn Sie sich der dem gegenwärtigen Augenblick zugrundeliegenden ruhigen, unbewegten, weiträumigen Realität bewusst werden.

> *Ihr Bewusstsein ist jener Teil von Ihnen,*
> *der von Dauer ist, und Ihr Bewusstsein*
> *ist unbewegt und ruhig.*

Erfreulicherweise können Sie entdecken, dass der Frieden Sie nie verlassen hat; vielmehr haben Sie den Frieden hinter sich gelassen, einfach dadurch, dass Sie Ihre Aufmerksamkeit von diesem Moment abwandten und sich auf Gedanken, Emotionen, Körperwahrnehmungen und ständig sich wandelnde Lebensumstände einließen.

Ich möchte Sie dazu ermuntern, mit der Neugier eines kleinen Kindes mit Mind Calm zu spielen und offen für alles zu sein, was geschehen mag. «Her damit!» zu jedem Aspekt menschlichen Lebens zu sagen bringt innere Ruhe, Liebe und haufenweise Glück mit sich. Auch wenn «Her damit!» eine ganz einfache Strategie ist, um Gelassenheit zu erlangen, kann ich ihre Bedeutung nicht genug hervorheben. Sie ist der Schlüssel, mit dessen Hilfe Sie Frieden mit Ihrem Mind machen, Frieden mit Ihren Emotionen und letztlich auch Frieden mit Ihrem Leben. Dies ist der Dreh- und Angelpunkt des Programms, das ich Ihnen nun vermitteln werde. Mit seiner Hilfe können Sie Frieden mit jedem Problem schließen, auf das Sie auf Ihrem Weg stoßen mögen ...

Kapitel 10

DAS FRIEDEN-MIT-DEM-
MIND-PROTOKOLL

Frieden mit jedem erdenklichen Problem zu schließen ist möglich, wenn Sie Ihre Beziehung zu den Gedanken und Emotionen Ihres Minds zu dem fraglichen Problem heilen. Anstatt hart daran zu arbeiten, Ihren Mind dahingehend zu ändern, dass Sie Frieden mit beispielsweise vergangenen Ereignissen, aktuellen Sorgen oder künftigen Ängsten schließen können, sind Sie in der Lage, sich jetzt schon zu befreien, ohne sich auf irgendeine intellektuelle Argumentation oder Therapie einlassen zu müssen. Mind Calm und die Prinzipien, die das Herz dieser Meditationsform ausmachen, müssen nicht unbedingt passiv angewendet werden. Im Gegenteil, Sie können sie dynamisch nutzen, um sich sofort Erleichterung zu verschaffen bei Problemen, die Sie im Augenblick beschäftigen.

Die Anwendung meines Frieden-mit-dem-Mind-Protokolls auf bestimmte Themen erfordert eine völlig neue Einstellung im Vergleich zu den eher traditionellen therapeutischen Ansätzen, die derzeit zur Verfügung stehen. Vergleichen wir einmal deren therapeutische Grundhaltung mit Mind Calm.

Therapeutische Grund-haltung	Mind-Calm-Grundhaltung
Mit meinem Leben und mir stimmt etwas nicht.	Mit meinem Bewusstsein (meinem wahren Selbst) ist alles in Ordnung.
Ich muss meinen Mind ver-ändern, in Ordnung bringen, verbessern.	Meine Beziehung zu meinem Mind ist das Einzige, was wichtig ist.
Probleme treten auf und müssen gelöst werden.	Probleme sind Dinge, die ich als negativ eingestuft habe.
Negative Emotionen ent-stehen als Folge dessen, was passiert.	Widerstand gegen das, «was ist», verursacht nega-tive Emotionen
Ich muss meine negativen Emotionen loswerden.	Es gibt keinen Grund, Emo-tionen zu verdrängen.

Leben ist der Rahmen Ihres Erwachens

Jeder Augenblick jedes Tages bietet Ihnen Gelegenheit, Ihren konditionierten Mind zu einer achtsameren, bewussteren Beziehung zum Leben erwachen zu lassen. Ihr innerer Zustand ist ein guter Gradmesser, der sofort Feedback gibt über das, was Sie unbewusst bewerten und wogegen Sie sich in Ihrem Leben wehren, statt alles so sein zu lassen und bedingungslos zu lieben. Wenn Sie also offen sind, vom Leben zu lernen und über-holte, gewohnheitsmäßige Reaktionen des Minds loszulassen, dann wird Sie Ihr Leben sanft zu einer bewussteren, freieren und liebevolleren Art zu sein hinführen.

Bedingungslos zu lieben bedeutet,
in Harmonie mit dem zu sein, was ist.

In der traditionellen Therapie liegt der Fokus darauf, den Mind zu verändern, aber bei Mind Calm, einer modernen Meditationsform, geht es darum, Ihre Beziehung zu Ihrem Mind zu verändern. Diese bewusstseinserweiternde Art zu heilen bringt es mit sich, die Werturteile über das Leben zu identifizieren, die Ihr Mind fällt und die Dinge zu Problemen machen, und dann bereit zu sein, den inneren Widerstand loszulassen, der bewirkt, dass es Ihnen schlechtgeht.

Wenn Sie Frieden mit dem Mind schließen, müssen Sie sich auf keinerlei intellektuelle Argumentation einlassen, warum Sie Ihren Frieden mit Vergangenheit, Gegenwart oder Zukunft machen sollten. Was wieder einen Unterschied zum traditionellen therapeutischen Modell darstellt, bei dem normalerweise lange über konstruktive Möglichkeiten gesprochen und nachgedacht wird, wie problematische Menschen, Ereignisse oder Dinge neu wahrgenommen werden können. Wenn etwas «Schlimmes» passiert ist, werden Sie in der traditionellen Therapie versuchen, das Problem positiver zu betrachten, damit der Mind eine Rechtfertigung hat, seinen Frieden damit zu schließen. Doch das ist gar nicht nötig. Sie konzentrieren sich stattdessen darauf, die bewertenden Gedanken in Ihrem Mind zu betrachten, gegen die Sie sich wehren. Denken Sie daran: Nicht das, was passiert, ist das Problem, sondern Ihre Gedanken und Emotionen zu dem, was passiert, lassen die Dinge als Problem erscheinen.

Wenn Sie Frieden mit den Gedanken und Emotionen schließen, die Sie über das Leben hegen, schließen Sie sofort auch Frieden mit dem, was passiert ist, gerade passiert und vielleicht noch passieren wird in Ihrem Leben.

Jenseits von «Das muss in Ordnung gebracht werden!»

In der Absicht, Meditation zu neuem Leben zu erwecken und ein höchst praxisorientiertes Werkzeug daraus zu machen, das man auf eine breite Palette an Rahmenbedingungen anwenden kann, habe ich mich mit Sasha Allenby zusammengeschlossen, dem Koautor des Bestsellers *Matrix Reimprinting* (Hay House 2010). Sasha und ich begannen, miteinander zu arbeiten, als wir entdeckten, dass wir beide unbedingt einen anderen Ansatz als die traditionelle Therapie anbieten wollten, um den Leuten auf eher achtsam bewusste Art zu helfen, ihre Probleme loszulassen.

Sasha und ich haben beide einen therapeutischen Hintergrund (Sasha lehrt Matrix Reimprinting und ich die Mind-Detox-Methode) und konnten schon Tausenden Menschen weltweit helfen. Beide Techniken sind sehr effektiv, wenn es darum geht, den Mind zu beeinflussen, Traumata loszulassen und Frieden mit dem zu schließen, was in der Vergangenheit passiert ist. Ich sage also keineswegs, dass Therapie überflüssig ist. Wenn Sie allerdings bereits eine Therapie absolviert haben, aber immer noch in alte Muster verfallen und nach dem nächsten Schritt suchen, den Sie nach der Therapie gehen können, dann glaube ich, das Folgende könnte genau das Richtige für Sie sein.

Ein Weg aus dem posttherapeutischen schwarzen Loch

Therapie kann Ihnen sehr nützliche Interventionen bereitstellen, um bestimmte Themen zu bearbeiten. Wenn Sie ein Problem haben, können Sie Lösungen durchdenken und Ihre Gemütsverfassung stabilisieren. Aber was dann? Ich habe eine Menge Leute getroffen, die das erleben, was ich das «posttherapeutische schwarze Loch» nenne: Sie haben hart an sich selbst gearbeitet und sind an dem Punkt gelangt, an dem sie das Gefühl haben, es müsse nun wieder mehr um persönliches Wachstum gehen als darum, Dinge zurechtzurücken und zu ändern; doch dann wissen sie nicht weiter. Hier kann das Reawakening-Protokoll von Sasha und mir einen Weg aufzeigen.

Das Reawakening-Protokoll, das ich in diesem Buch auch als «Frieden-mit-dem-Mind-Protokoll» bezeichne, ist eine nicht therapeutische Intervention, mit deren Hilfe man auf der Basis der Mind-Calm-Grundhaltung, die ich zu Beginn dieses Kapitels skizziert habe, Frieden mit einem bestimmten Problem schließen kann. Der Begriff «erwacht» meint üblicherweise, dass man in einem achtsamen Bewusstseinszustand lebt. Wir setzen dieses Protokoll ein, um aus den Bewertungen und Widerständen des Minds aufzuwachen, indem wir bewusst achtsam werden. Es kommt stets im Verbund mit Mind Calm zum Einsatz, aber während Mind Calm üblicherweise eher allgemein angewandt wird, gibt Ihnen das Reawakening-Protokoll eine genaue Anleitung an die Hand, wie Sie Ihren Frieden mit bestimmten Problemen schließen, die sich Ihnen im Alltag oder bei Calm-Sitzungen aufdrängen.

Manche Gedanken halten sich für etwas Besonderes

Wenn Sie Ihren Job machen oder eine Calm-Sitzung, stoßen Sie vielleicht auf Gedanken, die emotional höchst intensiv sind. Sie bringen Ihren Mind mehr durcheinander als andere, die Sie vielleicht leichter mit Hilfe von Mind Calm loslassen können. Das können zum Beispiel Gedanken über Ihre Gesundheit sein, einen Freund oder ein Familienmitglied oder Ihre finanzielle Situation. «Besondere» Gedanken sind solche, die sehr persönlich und normalerweise mit Emotionen verknüpft sind – Gedanken, die Sie nicht betrachten, sondern mit denen sie sich sofort identifizieren, das heißt, Sie denken über sie nach, sobald sie in Ihrem Bewusstsein auftauchen:

- Bin ich mit dem richtigen Menschen zusammen?
- Was, wenn mein Körper nie mehr heil wird?
- Was, wenn meinen Kindern etwas zustößt?
- Wie soll ich diesen Monat meine Rechnungen bezahlen?

Dies sind nur einige der besonderen Gedanken, die schwer loszulassen sind – sie kreisen ständig im Kopf herum, wenn man sich zum Meditieren hinsetzt.

Besondere Gedanken ziehen Ihre Aufmerksamkeit auf sich, und bevor Sie wissen, wie Ihnen geschieht, sind Sie im Gedankenkarussell gefangen

Schon viele Menschen sind mit emotionsbelasteten besonderen Gedanken wie diesen zu mir gekommen, und mir ist nur zu klar, dass es nicht immer reicht, ihnen zu sagen: «Gehen Sie nach Hause und meditieren Sie.» Das würde ihnen nur unangenehme Calm-Sitzungen bescheren, die ihnen das Meditieren verleiden, und sie in manchen Fällen nie wieder anfangen lassen. Ich wünsche Ihnen das nicht. Ich wünsche Ihnen, dass Sie die Meditation genießen; deshalb habe ich das folgende Programm mit entwickelt, das ich Ihnen – neben Mind Calm – für die hartnäckigeren besonderen Gedanken empfehle, die Ihnen vielleicht das Leben schwermachen. Wenn Sie dem Reawakening-Protokoll folgen, werden Sie sehen, dass Ihre besonderen Gedanken sich nicht länger so besonders anfühlen, und im Ergebnis leichter loszulassen sind, wenn Sie mit Mind Calm weitermachen.

Bevor ich Sie durch das Programm führe, mit dessen Hilfe

Sie Frieden mit dem Mind schließen, folgt hier ein Überblick, damit Sie sehen, wie es mit Mind Calm zusammenhängt.

Das sechsstufige Frieden-mit-dem-Mind-Protokoll

1. Das wahrgenommene Problem

Formulieren Sie das Problem, zu dem Sie Ihre Beziehung heute heilen wollen.

2. Der Wirklichkeitscheck

Seien Sie jetzt hier, indem Sie wahrnehmen, was in diesem Moment gerade stattfindet.

3. Vom Mind gemacht

Lassen Sie vorübergehend die Geschichte in Ihrem Mind über das Problem zu.

4. Mit Widerstand dauert es länger

Nehmen Sie den besonderen Gedanken zur Kenntnis, gegen den Sie Widerstand leisten, und die Stelle, wo Sie ihn in/an Ihrem Körper spüren.

5. Her damit!

Lassen Sie den besonderen Gedanken und das dazugehörige Gefühl ohne Widerstand in Ihnen präsent sein.

6. Mind-Calm-Sitzung

Spielen Sie während einer Calm-Sitzung damit, «zu betrachten, aber nicht zu sein».

Sie beginnen also damit, das Problem auszuwählen, zu dem Sie Ihre Beziehung heilen möchten. Darauf folgt ein Wirklichkeitscheck, mit dessen Hilfe Sie sich auf den jetzigen Moment einstellen, Ihre Aufmerksamkeit auf den Rahmen dieses Moments mit Hilfe von SWAWO richten (ab S. 73) oder das Mind-Calm-Spiel «Jetzt den Raum wahrnehmen» (siehe S. 186) spielen.

Sobald Sie ganz präsent sind, verlassen Sie diesen Augenblick, um sich gezielt in Ihren Mind zu begeben und über das Problem nachzudenken. Der Grund dafür, dass Sie zunächst präsent sein sollten, liegt darin, dass Sie dann die Bewegung weg von der Ruhe des Jetzt hin zur Bewegung Ihres Minds besser erkennen. (Mit der Zeit wird Ihr Verlangen abnehmen, die Ruhe zu verlassen, aber im Moment machen Sie bitte noch mit diesem Protokoll weiter, falls ein besonderer Gedanke Ihre Aufmerksamkeit auf sich zieht.) Wenn Sie eine kurze Weile über das Problem nachgedacht haben (idealerweise nicht länger als drei Minuten), sollten Sie herausfinden, welcher Gedanke innerhalb der Geschichte emotional am stärksten ist. Dies ist Ihr besonderer Gedanke – der, zu dem Sie Ihre Beziehung heilen werden.

Wenn Sie den besonderen Gedanken aufgespürt haben, nehmen Sie sich einen Augenblick Zeit, um herauszufinden, wo Sie ihn in Ihrem Körper fühlen. Denken Sie daran: Wenn Sie sich gegen den Gedanken wehren, ist eine negative Emotion da. Normalerweise spürt man den Gedanken im Magen, im Solarplexus oder in der Brust, aber es kann auch überall sonst sein, deshalb sollten Sie Ihrem ersten Einfall trauen. Wenn Sie dann den besonderen Gedanken und den Sitz der damit verknüpften Gefühle kennen, konzentrieren Sie sich darauf, den inneren Widerstand loszulassen. Das tun Sie mit der Absichtserklärung «Her damit!» und der Erlaubnis, alles in Ihnen präsent sein zu lassen. Wenn Sie aufgehört haben, sich gegen den Gedanken und die Gefühle zu wehren, werden Sie sehen, dass die Gefühle abklingen und die Ruhe zurückkehrt (manchmal müssen Sie am Ende vielleicht sogar über den besonderen Gedanken lachen). An diesem Punkt können Sie das Programm unterbrechen oder mit geschlossenen Augen eine Weile Mind Calm durchführen.

Eine Mind-Calm-Sitzung an diesem Punkt erlaubt es Ihnen, in Ihrem Mind das Betrachten der Geschichte zu üben, die mit diesem Problem verknüpft ist, und sie anschließend loszulassen, indem Sie zu SWAWO und Ihren Calm-Gedanken zurückkehren. Durch Mind Calm können Sie sich regelrecht angewöhnen, mit den besonderen Gedanken und den Gefühlen, mit denen Sie ein Problem hatten, Frieden zu schließen.

Wenn Sie dieses Programm beenden, werden Sie merken, dass Sie nicht mehr zwanghaft über den besonderen Gedanken nachdenken. Er wird sich neutraler anfühlen; es ist nun leichter, ihn loszulassen und mit Mind Calm weiterzumachen. Bitte denken Sie immer daran, dass es einen wichtigen Unterschied zwischen Therapie und diesem meditativen Ansatz gibt. Sie lassen sich auf keine intellektuelle Argumentation ein, um Frieden mit dem Problem zu schließen. Mit Hilfe dieses Programms schließen Sie stattdessen Frieden mit den Gedanken und Emotionen, die das Problem in ihrem Leben aufgewühlt hat.

Indem Sie Frieden mit Ihrem Mind schließen,
schließen Sie auf ganz natürliche Weise
auch Frieden mit Ihrem Leben.

Sie werden sehen, wie genial das ist, wenn Sie ein bisschen damit herumspielen! Diese Alternative zur Therapie kann Ihnen dabei helfen, Frieden einfach durch die Erkenntnis zu erlangen, dass die wahre Ursache Ihres Leidens unbemerkte Werturteile und Widerstände sind. Mit Hilfe dieses Programms können Sie die wertenden Gedanken betrachten und Widerstände loslassen, um sofort zur inneren Ruhe zurückzukehren. Wow – stellen Sie sich nur einmal die Möglichkeiten vor, die darin stecken!

Das Frieden-mit-dem-Mind-Protokoll
Nun kennen Sie die sechs Schritte, durch die Sie Ihren Frieden mit jedem Problem machen können, das Ihre innere Ruhe stört; hier folgt nun die Anleitung zum Reawakening-Protokoll mit Mind-Calm-Meditation.

Wichtig:

- Wenden Sie dieses Protokoll auf eigene Faust nur dann an, wenn Sie sicher sind, dass Sie auf die Hilfe eines qualifizierten Reawakening-Protokoll-Practitioners oder Mind-Calm-Mastercoachs verzichten können.
- Wenn Ihnen das Protokoll schwerfällt, können Sie es vorübergehend unterbrechen, bis Sie eine Weile Mind-Calm-Meditation geübt und gelernt haben, Ihre Aufmerksamkeit auf das ruhige, stille Bewusstsein zu richten.

Schritt 1: Das wahrgenommene Problem
Ohne jetzt schon in die Tiefe zu gehen, beschreiben Sie kurz das Problem, zu dem Sie heute Ihre Beziehung heilen möchten.

Schritt 2: Der Wirklichkeitscheck
Damit Sie Ihre Beziehung zu diesem Problem heilen können, beginnen Sie mit dem Wirklichkeitscheck, indem Sie wahrneh-

men, was im jetzigen Moment geschieht: *Was kann ich gerade sehen? Welche Geräusche höre ich? Was spüre ich?* Um Ihre Aufmerksamkeit auf das Jetzt zu fokussieren, können Sie das Spiel «Jetzt den Raum wahrnehmen» (S. 186) spielen oder SWAWO praktizieren (s. S. 73).

Sobald Sie sich des gegenwärtigen Augenblicks bewusst sind, haben Sie den optimalen Ausgangspunkt für den nächsten Schritt erreicht.

Schritt 3: Vom Mind produziert

Ereignisse werden zum Problem, wenn Sie Ihre Aufmerksamkeit vom gegenwärtigen Augenblick abwenden, um über diese Ereignisse nachzudenken. Wenn Sie Ruhe bewahren wollen, sollten Sie präsent im Rahmen-Bewusstsein bleiben. Wenn aber ein besonderer Gedanke auftaucht, der Ihre Aufmerksamkeit beansprucht und Sie zum Nachdenken nötigt, dann verlassen Sie diesen Moment – allerdings nicht länger als drei Minuten – und lassen sich gezielt auf die Geschichte dieses Problems in Ihrem Mind ein.

Fragen Sie sich: *Was ist das Problem? Warum ist es ein Problem? Was ist letztlich das Problem für mich an dem, was passiert ist, was gerade passiert oder vielleicht noch passieren wird?*

Schritt 4: Mit Widerstand dauert es länger

Wenn Sie über die Aspekte des Problems nachgedacht haben, sollten Sie nun herausfinden, welcher der Gedanken, die damit verknüpft sind, emotional am intensivsten für Sie ist. Der Gedanke mit der schwersten emotionalen Ladung ist der besondere Gedanke, gegen den Sie sich wehren. Denken Sie daran: Tausende Gedanken passieren tagtäglich Ihr Bewusstsein, aber wenn der besondere Gedanke auftaucht, wehren Sie sich sofort dagegen. Deshalb ist es Ihr innerer Widerstand gegen den besonderen Gedanken, der den Stress und die negativen Emotionen verursacht, welche Sie spüren.

Fragen Sie sich: *Gegen welchen Gedanken wehre ich mich am meisten, und wo spüre ich diesen Gedanken in meinem Körper?*

Bevor Sie den nächsten Schritt machen, versichern Sie sich nochmals, dass Sie Ihren besonderen Gedanken und jene Stelle im/am Körper, wo Sie ihn spüren können, gefunden haben.

Der besondere Gedanke + die Emotion im Körper.

Schritt 5: Her damit!

Und jetzt die gute Nachricht: Nicht, was passiert ist, gerade passiert oder vielleicht noch passieren wird, ist das Problem. Vielmehr bestimmt Ihre Beziehung zu Ihren Gedanken über diese Dinge, wie Sie sich aktuell fühlen. Denken Sie daran: Es gibt ein unbemerktes Werturteil und einen Widerstand gegen die Gedanken in Ihrem Mind und die Emotionen in Ihrem Körper, die Sie sich anschauen und loslassen müssen, wenn Sie wieder ruhig werden wollen.

Fragen Sie sich: *Was passiert, wenn ich zu den Gedanken und Gefühlen «Her damit!» sage?*

Betrachten Sie die Gedanken und Emotionen und lassen Sie sie präsent in Ihnen sein – ohne sich gegen sie zu wehren. Während Sie achtsam bleiben, beobachten Sie, was mit den Gedanken und Gefühlen geschieht, wenn Sie «Her damit!» sagen (laut oder im Stillen bei sich). Wenn Sie sich dank dieser Einstellung nicht mehr gegen die Gedanken und Gefühle wehren, wird deren emotionale Intensität nachlassen und durch ruhigere und unbeschwertere Gefühle ersetzt werden.

LEHREN UND TECHNIKEN

Schritt 6: Mind-Calm-Sitzung

Jetzt meditieren Sie eine Weile (zwischen 5 und 15 Minuten) mit geschlossenen Augen und spielen Sie damit, sich die Geschichten in Ihrem Mind über das Problem anzuschauen.

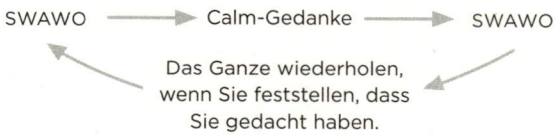

Wenn Sie Mind Calm unmittelbar an das Frieden-mit-dem-Geist-Protokoll anschließen, sollten Sie besonders auf der Hut sein vor Gedanken zu dem gerade behandelten Problem. Immer, wenn Sie solche Gedanken bemerken, gilt: Sie sollten sie betrachten, aber nicht sein. Kehren Sie zu SWAWO zurück, wenden Sie einen Calm-Gedanken an und praktizieren Sie SWAWO so lange, bis Sie sich wieder dabei ertappen, dass Sie an das Problem denken – dann wiederholen Sie die drei Mind-Calm-Schritte.

Eine stille Lösung für jedes Problem

Jedes Mal, wenn ein besonderer Gedanke auftaucht, sollten Sie dieses Protokoll anwenden und dann zu Ihrer normalen Mind-Calm-Routine zurückkehren. Mit der Zeit werden Sie sehen, dass dies zu einer ganz natürlichen, fast schon reflexhaften Reaktion bei Ihnen wird, immer dann, wenn Sie anfangen, über ein Problem nachzugrübeln. Sie betrachten den Gedanken, gegen den Sie sich wehren, und die Stelle Ihres Körpers, an der die zugehörige Emotion stattfindet; dann lassen Sie jeden Widerstand los, indem Sie Gedanken und Emotionen einfach nur präsent in Ihnen sein lassen.

Toptipp 1: Bilder sind perfekt

Gelegentlich wird Ihr besonderer Gedanke mit einem Bild verknüpft sein. Dieses Bild ist der visuelle Stellvertreter des Gedankens. Oft sind die Bilder, die Ihr Mind wählt, extrem oder überzeichnet: Sie zeigen zum Beispiel Sie

- als Obdachlosen, der auf der Straße um Geld bettelt, wenn Sie den besonderen Gedanken denken: *Was, wenn ich alles verliere?*
- als alten und einsamen Menschen, wenn Sie den besonderen Gedanken denken: *Ich werde nie jemanden treffen.*
- beim Blick in den Spiegel, der Ihnen einen Fettsack zeigt, wenn Sie den besonderen Gedanken denken: *Ich werde nie abnehmen.*

Wenn Sie derartige Bilder bemerken, gehen Sie vor wie bei jedem anderen Gedanken. Bei Schritt 5 – «Her damit!» – lassen Sie das Bild ohne jeden Widerstand vor Ihrem geistigen Auge stehen. Wie immer werden Sie sehen, dass die mit dem Bild verknüpften Gefühle abklingen, Sie schließen Frieden damit, und Ihr Mind wird sie nicht mehr aufwärmen (und wenn er es doch tut, wird es leicht sein, sie wieder loszulassen).

Toptipp 2: Gedanken in den Gedanken

Manchmal glauben Sie, dass Sie den besonderen Gedanken gefunden haben, zu dem Sie Ihre Beziehung heilen müssen; aber wenn Sie mit dem Protokoll beginnen, kommt Ihnen ein zweiter, emotional noch belastender Gedanke in den Sinn. Das ist absolut normal. Wenn Sie auf einen noch tiefer liegenden wertenden Gedanken stoßen, gegen den Sie Widerstand leisten, arbeiten Sie einfach mit diesem Gedanken weiter.

Teil II

DAS MIND-CALM-PROGRAMM IN ZEHN STUFEN

EINFÜHRUNG IN DAS ZEHNSTUFIGE MIND-CALM-PROGRAMM

Befreien Sie Ihr Selbst, indem Sie Frieden mit Ihrem Leben schließen. Wenden Sie Ihre Aufmerksamkeit ab von Werturteilen und dem Widerstand gegen die Dinge, wie sie sind, vom Klammern daran, dass Sie das Leben so gestalten müssen, wie es Ihrer Meinung nach sein sollte, und vom Grübeln darüber, wie Sie die Dinge in Ordnung bringen, ändern und verbessern können. Kultivieren Sie stattdessen eine ruhige und zufriedene Beziehung zum Leben, die Sie glücklicher, liebevoller und in der Folge auch erfolgreicher macht. Mind Calm ist eine Meditationspraxis für jeden Tag, für ein ganzes Leben. Für den bestmöglichen Start bietet dieses zehnstufige Programm einen Rahmen, damit Sie Frieden schließen können in den Hauptbereichen Ihres inneren und äußeren Lebens – Frieden mit Ihren Gedanken und Emotionen, Ihrem Körper, Ihren Beziehungen, mit Geld, Beruf, Umfeld und Gesellschaft und mit dem Leben ganz allgemein. Wenn Sie das Programm durchlaufen haben, sind Sie – so hoffe ich – frei, Ihre innere Ruhe zu genießen, unabhängig davon, wie es gerade um jeden Ihrer Lebensbereiche bestellt ist.

Denken Sie daran: Sie sind frei zu ändern, was immer Sie möchten

Nur weil Sie Ihren Frieden mit den Dingen gemacht haben, so wie sie sind, heißt das nicht, dass Sie nichts ändern könnten, wenn Sie das möchten. Der Unterschied liegt darin, dass Sie das Gutfühlen nicht mehr auf später verschieben, wenn Ihr Leben endlich zu Ihren Vorstellungen passt. Sie genießen den Weg. Sie werden Veränderungen aus einem inneren Zustand der Ganzheit und Vollkommenheit heraus vornehmen und andere Menschen und das Weltgeschehen durch mitfühlendere Augen sehen können. Denken Sie daran: Das äußere Universum spiegelt nur das innere wider. Frieden auf Erden beginnt damit, dass Sie in sich selbst Frieden finden, und eine liebevollere Welt beginnt damit, dass Sie bedingungslos lieben lernen.

So funktioniert das Mind-Calm-Programm

Im Laufe von zehn Wochen (oder rascher, wenn Sie das möchten) konzentrieren Sie sich darauf, die zehn Gemütszustände – die in den zehn Calm-Gedanken enthalten sind (siehe S. 118) – in Ihrer bewussten Lebenserfahrung zu verankern. Sie werden sich auf einen Calm-Gedanken konzentrieren, sodass Sie ihn ganz und gar integrieren. Ich biete Ihnen zusätzlich Mind-Calm-Spiele an, die den möglichen Nutzen noch erhöhen und Sie einladen, in den Schlüsselbereichen des Lebens Frieden mit dem Mind zu schließen.

Engagement und die Grundeinstellung,
so lange durchzuhalten, bis Sie erfolgreich sind,
wird Sie zwangsläufig dazu führen,
dass Sie das bekommen, was Sie sich wünschen.

Ich weiß, dass Sie nur begrenzt freie Zeit zur Verfügung haben, deshalb ist das Programm so angelegt, dass es in einen straffen Terminplan passt. Um den größtmöglichen Nutzen daraus zu ziehen, sollten Sie bereit sein, täglich 30 bis 45 Minuten dafür zu investieren, dass Mind Calm zu einem festen Bestandteil Ihres Lebens wird. Ich hoffe, dass Sie mittlerweile inspiriert genug dazu sind und den enormen Gewinn absehen können. Nicht nur dass Sie dann mehr und mit einem klareren Kopf erledigen, Sie werden auch feststellen, dass sich Ihre innere Erlebniswirklichkeit gewaltig verbessert, wenn Sie Meditation zur Priorität Nummer eins erklären.

Toptipp: Passen Sie Ihren Tagesablauf der Meditation an

Angesichts des Nutzens von Meditation für Gesundheit und Wohlbefinden meine ich, dass eine regelmäßige Meditationspraxis ebenso wichtig ist wie Essen, Trinken und Schlafen. Es fiele Ihnen nicht im Traum ein, nicht genug Zeit am Tag für Essen, Trinken und Schlafen zu reservieren, also warum sollten Sie Meditation vernachlässigen? Wenn Sie ohne achtsames Bewusstsein leben, besteht die Gefahr, dass Ihnen der ganze Tag aus den Fingern gleitet, weil Sie von Ihrem Mind abgelenkt werden. Sie laufen Gefahr, wie ein aufgescheuchtes Huhn herumzurennen, von einer Sache zur nächsten, ohne jemals Ihr wertvolles Leben ganz auskosten und erfahren zu können. Damit sich die Wahrscheinlichkeit erhöht, dass Sie das Programm zu Ende bringen, empfehle ich Ihnen dringend, dass Sie Ihren Tagesablauf der Meditation anpassen, anstatt die Meditation irgendwie in Ihren Tagesablauf hineinzuzwängen. Diese Prioritätsverschiebung entspricht dem Einsatz, der nötig ist, um Ihre Beziehung zu Ihrem Mind für immer zu verwandeln.

Tagesplan für das zehnstufige Mind-Calm-Programm
Morgendliche Mind-Calm-Sitzung
Jeder Tag beginnt mit einer Meditation. Sie ist ausschließlich dem Calm-Gedanken gewidmet, der zu dem Teil des Programms gehört, in welchem Sie sich gerade befinden.

Mind-Calm-Spiel und Frieden-mit-dem-Mind-Protokoll tagsüber
Tagsüber wird ein Mind-Calm-Spiel gespielt, das das achtsame Bewusstsein schärft. Es wird auch ein Thema für das Frieden-mit-dem-Mind-Protokoll empfohlen, damit Sie Ihre Beziehung zum Leben im Laufe des zehnstufigen Programms ändern können.

Abendliche Mind-Calm-Sitzung
In der abendlichen Meditation sind alle zehn Mind-Calm-Gedanken enthalten, sodass Sie während des gesamten Programms auch immer wieder die übrigen Gemütszustände bearbeiten können.

Über die Mind-Calm-Gedanken

Die zehn Mind-Calm-Gedanken holen die lebendige Erfahrung der Intention, die jedem dieser Gedanken innewohnt, in Ihr achtsames Bewusstsein. Spirituelle Lehrer aus zahlreichen Traditionen haben bekanntermaßen gesagt: «Du bist, was du suchst.» Mag es auch ziemlich verwirrend sein, wenn Sie im Augenblick gerade nicht Frieden, Liebe, Freude spüren oder was auch immer es ist, das Sie gerade «suchen» – mit dieser Aussage meinten diese Lehrer die Essenz des Bewusstseins, das in der erweckten Realität des Hier und Jetzt diese verblüffenden Gemütszustände enthält.

Wenn Sie nicht unmittelbar Ihr wunderbares Sein erfahren, dann hat Sie der Inhalt Ihres Minds und Ihres Lebens abgelenkt.

Die zehn Calm-Gedanken sind Intentionen – Samenkörner, die bereits in Ihnen keimen. SWAWO zu praktizieren und sie sich immer wieder ins Bewusstsein zu rufen gibt ihnen das Wasser, den Sonnenschein und die Luft, die sie brauchen, um sich voll entwickeln zu können. Je mehr Zeit und Aufmerksamkeit Sie in die zehn Samen-Intentionen investieren, desto angenehmer überrascht werden Sie feststellen, dass sie in Ihrem Leben präsent sind.

Am besten arbeitet man mit den zehn Calm-Gedanken intuitiv und mit weit offenem Herzen und Mind. So teilten sie sich mir ursprünglich mit, ich empfing sie intuitiv. Ich habe mich nicht hingesetzt und sie intellektuell durchdacht. Stattdessen kamen sie während einer Meditationssitzung spontan zu mir. Sie mit Zwang, Anstrengung oder Kontrolle anzuwenden hieße, ihre Kraft zu schwächen und ihre Reinheit zu verschmutzen.

Benutzen Sie sie nicht, um irgendeine menschliche Erfahrung wegzuschieben; lassen Sie lieber zu, dass sie Ihnen hilft, Ihren Frieden mit den aktuellen Gedanken, Emotionen, Körperwahrnehmungen und Lebensumständen zu machen. Wenn die zehn Calm-Gedanken sanft und mit Aufgeschlossenheit angewandt werden, erinnern sie Sie an die größten Hoffnungen Ihres Herzens und geben Ihnen Gelegenheit, eine bewusstere Entscheidung zu treffen, wenn Sie sich in Ihrem Mind verrannt haben – weg von der vom Mind erfundenen Version der Realität hin zu einem erweckteren Bewusstsein des gegenwärtigen Augenblicks.

Die Bedeutung der zehn Calm-Gedanken

Meiner Erfahrung nach wird Mind Calm immer bedeutungsvoller, je mehr ich meditiere. Im Lauf des Programms werde ich Ihnen Bedeutung und Zweck jedes Calm-Gedankens vermitteln, ebenso auch was er Ihnen vermitteln kann. Indem ich meine persönlichen Interpretationen der Bedeutung in diesem Buch weitergebe, können auch Sie hoffentlich zulassen, dass Ihre Intuition die lebendige Weisheit offenbart, die in jedem der zehn Calm-Gedanken präsent ist. Ich freue mich schon darauf zu erfahren, was Sie dabei entdecken!

Über die Mind-Calm-Spiele

Während des Programms können Sie eine ganze Reihe Mind-Calm-Spiele spielen – die meisten davon am besten mit offenen Augen und in Ihrem normalen Tagesablauf. Mit ihrer Hilfe gewöhnen Sie sich an, den ganzen Tag über achtsam bewusst zu sein.

Einige dieser Spiele werden Ihnen gleich gefallen, und Sie werden feststellen, dass sie fast sofort wirken. Andere ergeben vielleicht überhaupt keinen Sinn für Sie, oder Sie machen Ihnen Schwierigkeiten. Mein Rat: Geben Sie jedem der zehn

Mind-Calm-Spiele eine Chance. Wenn Sie sie aktiv spielen, werden Sie erstaunliche Entdeckungen machen, und – was noch wichtiger ist – Sie werden Ihre unbewussten, negativen Denkmuster hinter sich lassen und dazu kommen, im gegenwärtigen Augenblick achtsam zu sein.

Toptipp: Die drei goldenen Regeln

Für alle Mind-Calm-Spiele gelten drei goldene Regeln, die Sie beherzigen sollten, wenn Sie maximalen Nutzen daraus ziehen wollen.

1. **Sie können gar nicht falsch spielen.** Spielen Sie einfach wie ein Kind. Ich weiß noch, dass ich als kleiner Junge stundenlang mit einem Karton und ein paar Löffeln gespielt und mir vorgestellt habe, ich säße in einem Boot. Ich konnte nichts «falsch» machen, denn ich spielte ja nur. Versuchen Sie also nicht, es richtig zu machen, sondern spielen Sie einfach unschuldig drauflos und schauen Sie, was passiert.

2. **Sie können die Spiele nicht auf später verschieben.** Sie können nur jetzt spielen – also versuchen Sie gar nicht erst zu analysieren, was Sie da tun, und planen Sie sie auch nicht für einen späteren Zeitpunkt ein. Spielen Sie sie stattdessen jetzt, sofort.

3. **Sie können nicht darüber nachdenken, die Spiele zu spielen.** Sie können sich nur aktiv auf sie einlassen. Wenn sie bei Ihnen nicht funktionieren, können Sie sicher sein, dass Sie insgeheim über sie nachdenken, anstatt im Moment zu sein und das zu erfahren, was zu entdecken ich Sie einlade.

Über das Frieden-mit-dem-Mind-Protokoll

Das Frieden-mit-dem-Mind-Protokoll wurde bereits in Kapitel 10 (ab S. 157) erklärt. Ich möchte Sie dazu ermuntern, es im Verlauf dieses Programms auf bestimmte Themen in Ihrem Leben anzuwenden, die Sie derzeit als negativ, schlecht, falsch oder noch schlimmer bewerten und gegen die Sie Widerstand leisten. Lebensbereiche, mit denen Sie Ihren Frieden machen sollten, sind:

- Ihr Körper
- Emotionen
- Beziehungen
- Beruf
- Umfeld
- Ihre Vergangenheit und Zukunft
- Ihr Erfolgspotenzial
- die Gesellschaft.

Wenn Sie sie einen nach dem anderen durcharbeiten, werden Sie am Ende des Programms eine friedvollere Beziehung zu Ihrem Leben haben und frei sein für ein Leben ohne das Gefühl, dass etwas nicht stimmt – so, wie sich ein erfolgreiches Leben eben anfühlen sollte.

Stufe 1

VERBUNDENHEIT

Tagesprogramm

Morgendliche Mind-Calm-Sitzung
Om Verbundenheit (Fußsohlen): nur Calm-Gedanke.
*(Empfohlene Dauer: 10–15 Minuten oder länger, wenn Sie
die Zeit haben.)*

Tagsüber Mind-Calm-Spiel
Wirklichkeitscheck: Konzentrieren Sie sich auf Ihre Sinne,
um das Jetzt wahrzunehmen.

Tagsüber Frieden-mit-dem-Mind-Protokoll
Machen Sie Ihren Frieden mit jenen Seiten Ihres Körpers,
die Sie nicht mögen.

Abendliche Mind-Calm-Sitzung
Gehen Sie alle zehn Calm-Gedanken durch.
*(Empfohlene Dauer: 10–15 Minuten oder länger, wenn Sie
die Zeit haben.)*

Calm-Gedanke

Om Verbundenheit (Fußsohlen)

Bedeutung: Alles im Kosmos ist verbunden. Sie sind mit der Erde verbunden, der Luft, die Sie atmen, der Nahrung, die Sie essen, dem Wasser, das Sie trinken, der Natur, in der Sie leben, den Menschen überall auf diesem Planeten und allen lebenden Organismen, den sichtbaren wie den unsichtbaren. Verbundenheit befindet sich im Innersten des Bewusstseins und jeder Existenz.

Zweck: Wenn Sie zu sehr in Ihrem Mind gefangen sind, verlieren Sie die Bodenhaftung, werden unausgeglichen, fühlen sich isoliert und bewirken weniger in der Welt. Sich weniger mit dem Mind zu befassen führt oft zu dem Aha-Erlebnis, dass alle und alles im Universum durch eine subtile Vernetzung miteinander verbunden sind, die – wenn Sie sie kennen und erfahren – Ihre Beziehung zu sich selbst und dem Leben an sich auf den Kopf stellen wird.

Fokus: Ihre Füße bewusst zu spüren ist eine sehr einfache Methode, Ihre Aufmerksamkeit nach unten zu lenken, um weniger «vergeistigt» und wieder mehr «geerdet» zu sein. «Om Verbundenheit» zu denken und sich dabei auf Ihre Fußsohlen zu konzentrieren hilft Ihnen, sich mit den heilenden und transformativen Kräften von Mutter Erde zu verbinden. Sie werden feststellen, dass Sie die Schönheit der physischen Welt und Ihre Verbindung zu ihr schätzen lernen. Dieser Calm-Gedanke eignet sich auch sehr gut für den Beginn einer Calm-Sitzung, denn er holt Sie aus Ihrem unruhigen Mind heraus und ins Körperbewusstsein hinein und stimmt Sie auf diese Weise wunderbar auf die bevorstehende Meditation ein.

Mind-Calm-Spiel

Wirklichkeitscheck: Konzentrieren Sie sich auf Ihre Sinne, um das Jetzt wahrzunehmen

Je mehr Sie in diesem Augenblick sind, desto weniger sind Sie in Ihrem Mind, und desto ruhiger wird er ganz von selbst. Während Sie sich außerdem aktiv dessen bewusst werden, was jetzt geschieht, bekommen Sie einen ruhigen, stillen Vorgeschmack davon, wie Ihr Bewusstsein ist. Zu diesem Wirklichkeitscheck gehört es, dass Sie Ihre Aufmerksamkeit auf Ihre Sinne richten, um alles zu sehen, fühlen, hören, riechen und schmecken, was gerade jetzt wahrzunehmen ist. Für dieses Spiel gibt es sowohl eine ausführliche Anleitung als auch eine Kurzfassung – Letztere für den Fall, dass Sie gerade unterwegs sind und die Erweckung der Sinne nicht in allen Einzelheiten durchführen, aber doch einige ebenso supercoole wie beruhigende Ergebnisse erzielen wollen.

Kurzfassung

Optisch: Nehmen Sie ein Objekt in Ihrem Gesichtsfeld zur Kenntnis, dessen Sie sich vorher nicht bewusst waren.

Akustisch: Nehmen Sie ein Geräusch zur Kenntnis, das gerade in Ihrer Nähe hörbar wird und dessen Sie sich vorher nicht bewusst waren.

Taktil: Nehmen Sie etwas zur Kenntnis, das Sie gerade berühren und dessen Sie sich vorher nicht bewusst waren.

Wenn Sie sich diese neuen optischen, akustischen und taktilen Wahrnehmungen in Ihrer unmittelbaren Umgebung bewusst machen, kann Ihr Mind ruhig werden.

Ausführliche Anleitung zur Erweckung der Sinne

Nehmen Sie wahr, was Sie sehen: Schauen Sie nur hin, ohne die Dinge zu benennen. Sehen Sie sich die Farben an. Sehen Sie sich die Formen an. Sehen Sie sich die Beschaffenheit der Oberfläche an. Nehmen Sie das Licht zur Kenntnis. Schauen Sie sich die Entfernung zwischen den einzelnen Gegenständen an. Machen Sie sich den Raum bewusst. Konzentrieren Sie sich auf einzelne Objekte und nehmen Sie dabei Dinge zur Kenntnis, die Ihnen vorher vielleicht entgangen sind.

Nehmen Sie wahr, was Sie spüren: Nun nehmen Sie alles zur Kenntnis, was Sie berühren. Spüren Sie Ihre Kleidung, den Boden unter den Füßen und den Stuhl, wenn Sie auf einem sitzen. Spüren Sie, wie die Luft um Sie herumtanzt. Spüren Sie die Temperatur. Nehmen Sie zur Kenntnis, wie sich Atmen anfühlt. Spüren Sie das Leben in sich und um sich herum. Spüren Sie einfach.

Nun lauschen Sie den Geräuschen: Hören Sie einfach. Vermeiden Sie es, Etiketten oder Wertungen zu verteilen. Hören Sie in Stereo, achten Sie auf die Geräusche, die Sie zuvor vielleicht überhört haben. Hören Sie das Zwitschern der Vögel oder den Verkehrslärm aus der Ferne? Tickt eine Uhr? Oder können Sie das Geräusch hören, das die Luft verursacht, während sie sich in Ihrer Nase hinauf- und hinunterbewegt? Stimmen Sie sich ein und lauschen Sie, als wäre die Lautstärke hochgedreht worden.

Nun nehmen Sie die Gerüche wahr: Richten Sie Ihre Aufmerksamkeit auf Ihre Nase und spüren Sie die Luft, die in Ihre Nasenlöcher einströmt. Sich einfach nur der Luft bewusst zu sein, die in die Nase hinein- und aus ihr herausströmt, kann eine höchst erfreuliche Erfahrung sein, wenn Sie sich auf jeden Atemzug konzentrieren und bei der Sache sind. Fokussieren Sie sich nun auf das, was Sie jetzt gerade riechen. Ist der Geruch scharf oder dumpf, durchdringend oder flüchtig, süß oder sauer? Wenden Sie Ihre Aufmerksamkeit Ihrer Nase zu und beobachten Sie, wie Ihr Mind klarer wird, während Sie das tun.

Nun nehmen Sie die verschiedenen Geschmackseindrücke wahr: Was schmecken Sie in Ihrem Mund, wenn Sie gerade nichts essen oder trinken? Spielen Sie bei Ihrer Erweckung der Sinne auch mit verschiedenen Nahrungsmitteln und Getränken. Stimmen Sie sich vollkommen auf Ihre Geschmacksknospen ein, die Beschaffenheit des Essens und natürlich darauf, wie es schmeckt. Wie ist es, Flüssigkeit eine Weile im Mund zu behalten, bevor Sie sie schlucken? Wie fühlt sich das Essen beim Kauen zwischen den Zähnen an? Die einfachsten Lebensmittel und Getränke können die köstlichste Delikatesse sein, wenn Sie sie bewusst zu sich nehmen.

Indem Sie Ihre Aufmerksamkeit Ihren Sinnen widmen, bleibt weniger Aufmerksamkeit für den Mind übrig. Ganz von selbst denken Sie weniger und sind erfüllter von dem, was Sie sehen, hören, fühlen, riechen und schmecken.

Frieden-mit-dem-Mind-Protokoll

Schließen Sie Frieden mit Ihrem Körper

Folgen Sie dem Frieden-mit-dem-Mind-Protokoll, um Ihre Beziehung mit den folgenden Aspekten Ihres Körpers zu heilen:

• Form
• Gewicht
• Mängel
• Krankheit(en)
• Nahrung
• Gewohnheiten
• Fitness
• Energieniveau.

Denken Sie anhand dieser Liste darüber nach, was Sie im Moment als Problem in Bezug auf Ihren Körper betrachten. Dann wenden Sie das Frieden-mit-dem-Mind-Protokoll an, um Ihren Frieden mit den Gedanken und Emotionen zu machen, die Sie zu einem bestimmten Thema in Bezug auf Ihren Körper haben.

Das sechsstufige Frieden-mit-dem-Mind-Protokoll

1. Das wahrgenommene Problem

Formulieren Sie das Problem, zu dem Sie Ihre Beziehung heute heilen wollen.

2. Der Wirklichkeitscheck

Kommen Sie jetzt hier an, indem Sie wahrnehmen, was in diesem Moment gerade stattfindet.

3. Vom Mind produziert

Lassen Sie vorübergehend die Geschichte in Ihrem Mind über das Problem zu.

4. Mit Widerstand dauert es länger

Nehmen Sie den besonderen Gedanken zur Kenntnis, gegen den Sie sich wehren, und die Stelle, wo Sie ihn in/an Ihrem Körper spüren.

5. Her damit!

Lassen Sie den besonderen Gedanken und das dazugehörige Gefühl ohne Widerstand in Ihnen präsent sein.

6. Mind-Calm-Sitzung

Spielen Sie während einer Calm-Sitzung damit, «zu betrachten, aber nicht zu sein».

Zum Beispiel könnte Ihnen auffallen, dass Sie ständig an der Form Ihres Körpers herummäkeln. Überlegen Sie, was Sie an der Form Ihres Körpers nicht mögen. Ihr erster Gedanke mag sein: *Ich bin unförmig* oder *Ich bin zu dick* oder *Ich bin zu dünn*. Sobald Sie sich im Klaren über diesen besonderen Gedanken sind, finden Sie heraus, wo in Ihrem Körper Sie ihn fühlen. Dann machen Sie den Schritt «Her damit!», indem Sie den Gedanken und die Emotion präsent in sich sein lassen.

Damit verringern Sie den Widerstand Ihres Minds, und die Emotion wird entsprechend abklingen und den Gedanken weniger persönlich werden lassen. Sie dürfen sich natürlich darum bemühen, ab- oder zuzunehmen, wenn das gesünder für Sie ist. Aber Sie werden nun mehr im Frieden mit Ihrer Körperform sein, während Sie sich daranmachen, ihn in welche gewünschte Richtung auch immer zu verändern.

Stufe 2

KRAFT

Tagesprogramm

Morgendliche Mind-Calm-Sitzung
Om Kraft (Steißbein): nur Calm-Gedanke.
(Empfohlene Dauer: 10–15 Minuten oder länger, wenn Sie die Zeit haben.)

Tagsüber Mind-Calm-Spiel
Jetzt den Raum wahrnehmen: Betrachten Sie den alles umfassenden stillen Raum.

Tagsüber Frieden-mit-dem Mind-Protokoll
Machen Sie Ihren Frieden mit Ihrem Erfolgspotenzial.

Abendliche Mind-Calm-Sitzung
Gehen Sie alle zehn Calm-Gedanken durch.
(Empfohlene Dauer: 10–15 Minuten oder länger, wenn Sie die Zeit haben.)

Calm-Gedanke

Om Kraft (Steißbein)

Bedeutung: Sie sind viel stärker, als Sie meinen. In Ihnen lebt dieselbe Kraft, die die Ozeane in Bewegung hält, die Wälder wachsen und Planeten kreisen lässt. Es ist die treibende Kraft, die alles in der Schöpfung hervorbringt.

Zweck: Wenn Sie sich zu sehr mit Ihrem Mind identifizieren, indem Sie all seine Meinungen über Ihre Fähigkeiten, Ihr Selbstbewusstsein und Ihre Einflussmöglichkeiten glauben, führt das oft zu dem Gefühl, machtlos zu sein, oder zu von egoistischer Rücksichtslosigkeit bestimmten Taten. Je nach Ihren Glaubenssätzen können Sie am einen Ende der Machtskala als verzagtes Mäuschen dastehen, das Angst davor hat, sich ins Leben zu stürzen, sich versteckt und niemals das (er)lebt, wozu es geboren wurde. Stehen Sie am anderen Ende der Skala, können Sie als durchsetzungsstarker Charakter auftreten, den die Angst antreibt (auch wenn Sie das niemals zugeben würden!) und der bis in alle Ewigkeit seinen Willen durchsetzen und seine Interessen verfolgen will, ohne sich Gedanken über die Auswirkungen auf andere oder die Welt zu machen. Irgendwo zwischen diesen beiden Extremen gibt es eine ausgeglichene Kraft, die auf Liebe und der Freude am kreativen Entdecken basiert.

Fokus: Der Calm-Gedanke «Om Kraft» mit dem Fokuspunkt am Steißbein kann Ihnen helfen, die innere Quelle aller Kraft zu finden und sie klug zu Ihrem eigenen Nutzen, zum Nutzen der Menschheit und der Welt anzuwenden, in der Sie leben.

Mind-Calm-Spiel

Jetzt den Raum wahrnehmen: Betrachten Sie den weiten stillen Raum

Da Sie das hier gerade lesen, gehe ich davon aus, dass Sie eine Textseite vor sich haben, entweder in gedruckter Form oder auf einem Lesegerät. Ich möchte, dass Sie weiter auf diese Seite sehen, während Sie Ihre linke Schulter wahrnehmen. Um das zu tun, müssen Sie nicht hinschauen oder sie bewegen – wenden Sie sich der linken Schulter einfach gedanklich zu und nehmen Sie sie wahr. Okay? Das ist leicht? Perfekt.

Machen wir weiter. Nun nehmen Sie Ihren rechten Fuß wahr. Wieder sehen Sie unverwandt auf den Text, während Sie Ihren rechten Fuß «bemerken». Sie können sogar weiterlesen. Sie müssen gar nicht mit den Zehen wackeln oder etwas Ähnliches machen. Sie können einfach Ihre Aufmerksamkeit auf Ihren rechten Fuß lenken und ihn jetzt «bemerken». Okay? Immer noch leicht? Wunderbar. Dann weiter.

Jetzt möchte ich, dass Sie den Raum zwischen sich und dieser Textseite zur Kenntnis nehmen – und zwar ohne dass Sie herauszufinden versuchen, warum ich das von Ihnen verlange. Sie müssen gar nicht zwischen sich und dem Text hin- und herschauen; sehen Sie einfach nur geradeaus und «bemerken» Sie lediglich, dass dieser Raum da ist. Er ist schon die ganze Zeit über da; alles, was Sie tun, ist zur Kenntnis zu nehmen, dass er da ist, während Sie weiter auf den Text sehen. Immer noch leicht? Okay, spielen wir weiter.

Nun möchte ich, dass Sie den Raum rund um die Textseite zur Kenntnis nehmen. Schauen Sie nicht direkt um den Text herum; schauen Sie weiter geradeaus, während Sie diesen Raum «bemerken». Nehmen Sie den Raum rund um den Text einige Augenblicke zur Kenntnis, bevor Sie fortfahren.

Jetzt will ich, dass Sie den Raum im gesamten Zimmer zur Kenntnis nehmen. Als würden Sie einen Schalter in Ihrem Bewusstsein umlegen, lassen Sie Ihre Aufmerksamkeit den Raum im gesamten Zimmer registrieren. Während Sie das tun, möchte ich, dass Sie registrieren, wie es ist, das zu tun.

Wie sieht Ihre innere Erfahrung aus, während Sie den Raum im gesamten Zimmer zur Kenntnis nehmen? Denken Sie daran: Blicken Sie weiter geradeaus und schauen Sie sich nicht um im Zimmer in dem Versuch, den Raum zu finden oder zu sehen. Vertrauen Sie mir: Er ist da. Alles, was ich von Ihnen will, ist, dass Sie den Raum im Zimmer zur Kenntnis nehmen. Mit welchem Wort oder mit welchen Wörtern würden Sie die innere Erfahrung beschreiben, während Sie den Raum nun «bemerken»?

Ich habe tatsächlich schon Hunderte Menschen gebeten, das zu tun. Die üblichen Antworten sind «ruhig», «friedlich», «still», «offen», «ausgedehnt», «leicht», «beruhigend», «wie zu Hause» und «befreiend». Welche Wörter würden Sie benutzen, um zu beschreiben, wie es ist, den Raum im gesamten Zimmer zur Kenntnis zu nehmen? Hören Sie nicht auf, den Raum zu «bemerken», um ihn beschreiben zu können – denn sonst würden Sie anfangen zu denken und aufhören zu erleben. Nehmen Sie ihn einfach zur Kenntnis und vertrauen Sie den ersten Wörtern, die Ihnen in den Sinn kommen.

Fahren wir fort. Nun sollen Sie wahrnehmen, dass dieser Augenblick gerade stattfindet. Dass Sie sitzen, wo Sie sitzen, und diese Worte lesen. Und dass Sie beobachten, wie Sie diese Worte hier lesen. Und nun diese Worte hier. Nehmen Sie einfach zur Kenntnis, dass dieser Augenblick gerade stattfindet. Wie ist es, das ruhig zu registrieren? Nichts tun, außer beobachten, wie dieser Augenblick geschieht. Mit welchen Wörtern würden Sie diese innere Erfahrung beschreiben? Übliche

Wörter, die dafür verwendet werden, sind «ruhig», «friedlich», «schweigend», «still», «weitläufig», «offen» und «frei».

Mit Hilfe dieses wunderbaren Mind-Calm-Spiels beginnen Sie, ein Bewusstsein für den Rahmen – im Gegensatz zum Inhalt – zu entwickeln, das dem achtsamen Bewusstsein sehr ähnlich ist.

Frieden-mit-dem-Mind-Protokoll

Schließen Sie Frieden mit Ihrem Potenzial

Folgen Sie dem Frieden-mit-dem-Mind-Protokoll, um Ihre Beziehung zu Ihrer Kraft und Ihrem Potenzial zu heilen. Dazu gehören auch

- Ihre Fähigkeit, Erfolg zu haben
- Angst vor Versagen
- unerreichbare Ziele
- das Herbeiführen von Veränderungen
- das Einleiten von Maßnahmen
- persönliche Grenzen
- Selbstvertrauen
- Selbstwertgefühl.

Lassen Sie sich von dieser Liste inspirieren und denken Sie über das nach, was Sie gegenwärtig als Problem in Bezug auf Ihre Kraft und Ihr Potenzial betrachten. Nun wenden Sie das Frieden-mit-dem-Mind-Protokoll an, um Ihren Frieden mit den Gedanken und Emotionen zu machen, die Sie über ein bestimmtes Problem in Bezug auf Ihr Erfolgspotenzial hegen.

Das sechsstufige Frieden-mit-dem-Mind-Protokoll

1. Das wahrgenommene Problem

Formulieren Sie das Problem, zu dem Sie Ihre Beziehung heute heilen wollen.

2. Der Wirklichkeitscheck

Kommen Sie jetzt hier an, indem Sie wahrnehmen, was in diesem Moment gerade stattfindet.

3. Vom Mind produziert

Lassen Sie vorübergehend die Geschichte in Ihrem Mind über das Problem zu.

4. Mit Widerstand dauert es länger

Nehmen Sie den besonderen Gedanken zur Kenntnis, gegen den Sie sich wehren, und die Stelle, wo Sie ihn in/an Ihrem Körper spüren.

5. Her damit!

Lassen Sie den besonderen Gedanken und das dazugehörige Gefühl ohne Widerstand in Ihnen präsent sein.

6. Mind-Calm-Sitzung

Spielen Sie während einer Calm-Sitzung damit, «zu betrachten, aber nicht zu sein».

Sagen wir zum Beispiel, Sie hätten das Gefühl, dass Sie Ihre Ziele nicht erreichen könnten. Sie möchten mit Hilfe des Protokolls darüber nachdenken, wieso Sie Ihre Ziele nicht erreichen können. Vielleicht denken Sie: *Ich werde nie in der Lage sein, X zu tun.* Sie sollten nun herausfinden, wo in Ihrem Körper Sie diesen Gedanken spüren, bevor Sie sagen «Her damit!», indem

Sie sowohl den Gedanken als auch die Emotion präsent in Ihnen sein lassen, ohne sich dagegen zu wehren. Sie werden sehen, dass die Energie rund um den Gedanken sich auflöst und er sich nicht mehr richtig anfühlt.

Eine solche Befreiung von Gedanken der Selbstentwertung kann Sie dazu befähigen, Ihre inneren Kräfte zu nutzen, um Ihr Potenzial zu verwirklichen.

Stufe 3

FREUDE

Tagesprogramm

Morgendliche Mind-Calm-Sitzung
Om Freude (Nabel): nur Calm-Gedanke.
(Empfohlene Dauer: 10–15 Minuten oder länger, wenn Sie die Zeit haben.)

Tagsüber Mind-Calm-Spiel
Blick nach innen: Richten Sie Ihre Aufmerksamkeit nach innen auf Ihr Herz.

Tagsüber Frieden-mit-dem-Mind-Protokoll
Machen Sie Ihren Frieden mit Emotionen, die Sie als negativ einstufen.

Abendliche Mind-Calm-Sitzung
Gehen Sie alle zehn Calm-Gedanken durch.
(Empfohlene Dauer: 10–15 Minuten oder länger, wenn Sie die Zeit haben.)

Calm-Gedanke

Om Freude (Nabel)

Bedeutung: Freude ist eine natürliche Ausdrucksform des Lebens. Sie ist der kreative Saft des Universums. Freude liegt jenseits des kurzzeitigen Hochs von Glücklichsein. Wertungen, Widerstand, Anhaftungen sowie Vergangenheit und Zukunft loszulassen schafft Platz, sodass Freude bewusst präsent sein kann. Sie ist das natürliche Nebenprodukt der Dankbarkeit dafür, am Leben zu sein.

Zweck: Während wir heranwachsen, wird es ganz normal für uns, Freude aus Angst oder Besorgnis falsch zu etikettieren, was damit endet, dass wir ihre transformativen Kräfte unterdrücken. Freude ist der Fluss der vom inneren Leben durchdrungenen Energie, die jedem von uns innewohnt. Wenn Sie die vom Mind vorgenommenen Werturteile über emotionale Energien loslassen und Emotionen in Ihnen ohne jeden Widerstand gegenwärtig sein lassen, werden Sie entdecken, dass die Gefühle, die Sie früher als Sorge oder Angst kannten, immer die mächtige Präsenz von Freude waren. Und obwohl man uns beibringt, dass wir Dinge brauchen, um glücklich zu sein, liegt Freude jenseits jeder vom Mind gesteuerten Argumentation. Während sie nach Glück streben, indem sie die Umstände umorganisieren, verändern oder verbessern, verpassen viele Menschen ein wunderbares Geschenk des Menschseins, das darin besteht, Freude ohne jeden Grund zu erleben. Freude ist allgegenwärtig für all jene, die zu ihrer dauerhaften Präsenz erwacht sind.

Fokus: Der Calm-Gedanke «Om Freude» mit Ihrer Aufmerksamkeit auf dem Nabel kann helfen, Ihre Beziehung mit dieser mächtigen Kraft in Ihnen für immer zu heilen. Lassen Sie zu, dass die energetische Feier des Seins Sie auf ihren wundersamen Schwingen davonträgt.

Mind-Calm-Spiel

Blick nach innen: Richten Sie Ihre Aufmerksamkeit nach innen auf Ihr Herz

Dieses Spiel hilft Ihnen, Energie präsent in Ihnen sein zu lassen. Wie wäre es, Sie täten so, als hätten Sie Augen, die gleichzeitig nach außen und auch nach innen auf Ihr Herz blicken könnten?

Spielregeln

- Suchen Sie sich etwas vor Ihnen, das Sie als äußeren Fokuspunkt benutzen können. Das könnte ein Türgriff sein, die Ecke eines Bilderrahmens oder ein Punkt an der Wand.
- Während Sie einen Teil Ihrer Aufmerksamkeit auf diesen äußeren Bezugspunkt richten, tun Sie so, als hätten Sie zweiseitige Augen, und schauen in sich hinein und hinunter auf Ihr Herz oder dorthin, wo Sie eine negative Emotion spüren (oft in der Magen- oder Solarplexus- oder Herzgegend).
- Während Sie das tun, beobachten Sie, was mit den Gedanken in Ihrem Mind passiert. Werden sie still? Wird Ihnen bewusst, wie ruhig es in Ihnen ist? Wenn Sie irgendwo in Ihrem Körper eine Emotion bemerken, nehmen Sie wahr, was mit ihrer Intensität geschieht, während Sie «sie betrachten, aber sie nicht sind». Löst sie sich auf? Sind Sie in der Lage, Ihren Frieden damit zu machen, während sie in Ihnen präsent ist?

Der Blick nach innen ist eine phantastische Möglichkeit, eine dauerhafte Aufmerksamkeit nach innen zu kultivieren. Sie werden entdecken, dass Sie Ihre Aufmerksamkeit nach innen wenden und auf Ihr Herz richten und trotzdem effektiv mit der äußeren Welt interagieren können.

Tatsächlich haben viele Menschen, die diese Technik praktizieren, das Gefühl, präsenter zu sein, als wenn sie ihre gesamte Aufmerksamkeit nach außen auf Dinge, Geräusche und Bewegungen richten. Spielen Sie mit dem Blick nach innen, wenn Sie mit Freunden sprechen, am Computer arbeiten und in der Natur unterwegs sind. Es kann Ihnen helfen, sich der Präsenz inneren Friedens bewusst zu werden, und ebenso Ihr Rahmen-Bewusstsein erhöhen.

Frieden-mit-dem-Mind-Protokoll

Schließen Sie Frieden mit Ihren Emotionen

Nachdem ich einige Jahre lang regelmäßig meditiert hatte, ging ich schweren Herzens zu meinem Meditationslehrer, um ihm zu sagen, dass es meiner Meinung nach nicht funktionierte. Als Argument führte ich die schlichte Tatsache ins Feld, dass ich noch immer intensive Emotionen in meinem Körper fühlte, die unangenehm waren. Manchmal hatte ich das Gefühl, als würde mein Solarplexus vor Emotionen brennen, und meditierte noch häufiger, doch es schien kein bisschen besser zu werden.

Als er hörte, dass ich versuchte, solche Gefühle abzuschaffen, fragte er voller Mitgefühl: «Wann habe ich dir gesagt, dass du diese Emotionen loswerden sollst? Du bist ein Mensch mit einem Körper, in dem immer Energie sein wird. Wenn du wahren Frieden genießen willst, musst du lernen, wie du Frieden mit deinen Gefühlen schließt.»

Frieden ist nicht die Abwesenheit von Emotionen. Wenn Sie also lernen, sie präsent in sich sein zu lassen, können Sie eine stille Ruhe in sich entdecken, die bei aller Bewegung gegenwärtig ist. Um dies für sich selbst herauszufinden, wenden Sie das Frieden-mit-dem-Mind-Protokoll an und heilen so Ihre Beziehung zu allen Emotionen, die Sie gewohnheitsmäßig negativ bewerten und sich deshalb gegen sie wehren, als da wären

- Wut
- Sorge
- Angst
- Traurigkeit
- Schuldgefühle
- Kränkung.

Lassen Sie sich von dieser Liste inspirieren und denken Sie darüber nach, welche Emotionen Sie als negativ und problematisch beurteilen. Dann wenden Sie das Frieden-mit-dem-Mind-Protokoll an, um Frieden mit den emotionalen Energien zu schließen, sodass Sie sie entweder loslassen oder ihre Kraft ein für alle Mal nutzbar machen können.

Das sechsstufige Frieden-mit-dem-Mind-Protokoll
1. Das wahrgenommene Problem
Formulieren Sie das Problem, zu dem Sie Ihre Beziehung heute heilen wollen.

2. Der Wirklichkeitscheck
Kommen Sie jetzt hier an, indem Sie wahrnehmen, was in diesem Moment gerade stattfindet.

3. Vom Mind produziert
Lassen Sie vorübergehend die Geschichte in Ihrem Mind über das Problem zu.

4. Mit Widerstand dauert es länger
Nehmen Sie den besonderen Gedanken zur Kenntnis, gegen den Sie sich wehren, und die Stelle, wo Sie ihn in/an Ihrem Körper spüren.

5. Her damit!

Lassen Sie den besonderen Gedanken und das dazugehörige Gefühl ohne Gegenwehr in Ihnen präsent sein.

6. Mind-Calm-Sitzung

Spielen Sie während einer Calm-Sitzung damit, «zu betrachten, aber nicht zu sein».

Sagen wir zum Beispiel, Sie würden in Panik geraten, wenn Sie öffentlich sprechen müssen. Sie möchten nun darüber nachdenken, was am Sprechen in der Öffentlichkeit bei Ihnen dieses Gefühl auslöst. Das mögen Gründe wie «Alle schauen mich dabei an» oder «Ich könnte mich blamieren» etc. sein. Mit Hilfe des Frieden-mit-dem-Mind-Protokolls werden Sie merken, wo in Ihrem Körper Sie den entsprechenden besonderen Gedanken spüren. Beobachten Sie, was passiert, wenn Sie den Gedanken und das Gefühl ohne jeden Widerstand präsent in sich sein lassen. Wenn Sie die Einstellung «Her damit!» angenommen haben, werden Sie sehen, dass die emotionale Energie aufhört, problematisch zu sein, und Reden in der Öffentlichkeit ist nicht länger eine angsteinflößende Situation, die Sie zu vermeiden suchen.

Wenn Sie das Protokoll auf Emotionen anwenden, die Sie tendenziell als negativ bewerten, werden Sie emotionale Befreiung erfahren. Denken Sie daran: Es sind nicht die Dinge im Leben, die wir fürchten oder unbedingt vermeiden wollen, sondern die Gefühle, die diese Dinge unserer Meinung nach in uns auslösen. Frieden mit den Emotionen in Bezug auf das Leben zu schließen versetzt Sie deshalb in die Lage, die Kraft Ihrer Emotionen zu nutzen, und schenkt Ihnen die Freiheit, sich ganz auf das Leben einzulassen.

Stufe 4

FRIEDEN

Tagesprogramm

Morgendliche Mind-Calm-Sitzung
Om Frieden (Solarplexus): nur Calm-Gedanke.
(Empfohlene Dauer: 10–15 Minuten oder länger, wenn Sie die Zeit haben.)

Tagsüber Mind-Calm-Spiel
Herzensblick: Blicken Sie von Ihrem Herzen aus auf das Leben.

Tagsüber Frieden-mit-dem-Mind-Protokoll
Machen Sie Ihren Frieden mit der Umgebung, in der Sie leben und arbeiten.

Abendliche Mind-Calm-Sitzung
Gehen Sie alle zehn Calm-Gedanken durch.
(Empfohlene Dauer: 10–15 Minuten oder länger, wenn Sie die Zeit haben.)

Calm-Gedanke

Om Frieden (Solarplexus)

Bedeutung: Das Bewusstsein ist friedvoll – oder, um es genauer auszudrücken: voller Frieden. Alles geschieht innerhalb des dauerhaften Rahmens des stillen, unbewegten, weiträumigen Bewusstseins, das von Natur aus ruhig ist. Jede Bewegung findet innerhalb des Friedens statt, auch der natürliche Fluss der Freude. Jeder Lärm kann nur dank des Rahmens stiller Gelassenheit wahrgenommen und gehört werden, und jeder Gegenstand ist von friedvollem Bewusstsein erfüllt und erfüllt dieses wiederum.

Zweck: Frieden zu suchen, indem Sie Mind, Körper und Leben zum Stillstand verdonnern, funktioniert nicht. Sich gegen den natürlichen Fluss dieser Aspekte des Menschseins zu stemmen verursacht nur Stress. Nur wenn Sie lernen, sich zurückzulehnen, loszulassen und einfach zu sein, nehmen Sie die Gegenwart des Friedens wahr, der bleibt. Sie sehen, dass es tatsächlich Unmengen an Mühe und Energie kostet, nicht im Frieden zu sein. Sich von Gedanken und Emotionen ablenken zu lassen kann zu dem Eindruck führen, dass Frieden nicht immer da ist. Wenn Sie jedoch achtsam bewusst sind und – noch wichtiger – beobachten, wie es ist, bewusst zu sein, finden Sie eine Oase der Ruhe in sich selbst.

Fokus: Die meisten Menschen erleben Emotionen im Solarplexus; wenn Sie also «Om Frieden» mit Ihrer Aufmerksamkeit auf dem Solarplexus anwenden, können Sie Ihre Beziehung zu jeder Bewegung in Ihrem Mind, Körper und Leben heilen – und in vollkommenem Frieden bleiben, während Sie sich mit Haut und Haar auf das Leben einlassen.

Mind-Calm-Spiel

Herzensblick: Blicken Sie von Ihrem Herzen aus auf das Leben

Eine leichte und herrliche Methode, sofort zu innerer Ruhe zu finden, ist ein Spiel, das ich «Herzensblick» nenne. Es lenkt Ihre Aufmerksamkeit noch weiter nach innen und lässt Sie dabei automatisch noch bewusster achtsam werden. Mit etwas Übung kann Ihnen der Herzensblick helfen, sich mit einer inneren Aufmerksamkeit für die unbewegte, stille Präsenz in uns auf das Leben einzulassen, während wir unseren Alltag bewältigen.

Spielregeln
- Obwohl sich unsere Augen im Gesicht befinden, ermuntert Sie dieses Spiel dazu, sich vorzustellen, wie es wäre, von der Brustmitte, der Herzgegend, aus zu sehen.
- Während Sie diese Worte lesen, beobachten Sie, wie es ist, nicht nur mit Ihren physischen Augen zu sehen, sondern auch vom Herzen aus auf diese Worte zu schauen.
- Wie würden Sie Ihre innere Erfahrung beschreiben, wenn Sie weiter eine Weile auf diese Weise aufmerksam sind?

Zu den üblichen Antworten zählen «ruhig», «still», «lautlos», «präsent» usw. Wie ist es für Sie, Herzensblick zu spielen, indem Sie mit Ihrem Herzen schauen? Es macht Spaß, dieses Spiel mit Gegenständen oder Menschen zu spielen, die Sie kennen. Wenn Sie mit einem Partner spielen, stehen Sie einander gegenüber und versuchen, sich gegenseitig jeweils vom Herzen aus anzusehen; das kann zu mehr Mind Calm und Herzensgüte führen.

Frieden-mit-dem-Mind-Protokoll

Schließen Sie Frieden mit Ihrer Umgebung

Sich an einem Ort zu befinden und sich zu wünschen, Sie wären irgendwo anders, verursacht Unzufriedenheit und schränkt Ihre Fähigkeit zu erkennen ein, dass Schönheit allgegenwärtig ist. Nutzen Sie das Frieden-mit-dem-Mind-Protokoll, um Ihre Beziehung zu Ihrem Lebens- und Arbeitsumfeld zu heilen. Dazu gehören auch

- Ihr Zuhause
- Ihr Arbeitsplatz
- Ihre Stadt
- Ihr Land
- die Natur
- der «Gesundheitszustand» der Erde.

Lassen Sie sich von dieser Liste dazu inspirieren, darüber nachzudenken, was Sie derzeit als Problem in Bezug auf Ihr Umfeld wahrnehmen. Dann wenden Sie das Frieden-mit-dem-Mind-Protokoll an, um Ihren Frieden mit den Gedanken und Emotionen zu machen, die Sie zu einem bestimmten Problem in Bezug auf Ihren Wohnort und Arbeitsplatz und auf die Welt haben, in der Sie leben.

Das sechsstufige Frieden-mit-dem-Mind-Protokoll
1. Das wahrgenommene Problem
Formulieren Sie das Problem, zu dem Sie Ihre Beziehung heute heilen wollen.

2. Der Wirklichkeitscheck

Kommen Sie jetzt hier an, indem Sie wahrnehmen, was in diesem Moment gerade stattfindet.

3. Vom Mind produziert

Lassen Sie vorübergehend die Geschichte in Ihrem Geist über das Problem zu.

4. Mit Widerstand dauert es länger

Nehmen Sie den besonderen Gedanken zur Kenntnis, gegen den Sie sich wehren, und die Stelle, wo Sie ihn in/an Ihrem Körper spüren.

5. Her damit!

Lassen Sie den besonderen Gedanken und das dazugehörige Gefühl ohne Widerstand in Ihnen präsent sein.

6. Mind-Calm-Sitzung

Spielen Sie während einer Calm-Sitzung damit, «zu betrachten, aber nicht zu sein».

Sie sind zum Beispiel möglicherweise unglücklich mit Ihrem Zuhause. Vielleicht kommt es Ihnen zu klein vor, zu vollgestopft, oder Sie haben ein anderes Problem damit. Wenn Sie herausfinden, dass Sie sich gegen die Größe Ihrer vier Wände wehren, dann möchten Sie vielleicht näher beleuchten, welche Gedanken Sie darüber hegen. Wenn Ihnen beispielsweise in den Sinn kommt: *Ich habe hier keinen Platz zum Atmen*, dann finden Sie heraus, wo in Ihrem Körper Sie diesen Gedanken spüren. Dann machen Sie den nächsten Schritt und nähern sich mit der inneren Haltung «Her damit!» diesem Gedanken und diesen Emotionen, bis Sie eine größere innere Ruhe verspüren.

Denken Sie daran: Es ist nicht die Größe Ihres Hauses, die Ihnen das Atmen schwer macht, sondern Ihre Gedanken, die Sie über die Größe Ihres Zuhauses haben. Indem Sie «sie betrachten, aber nicht sind», können Sie mehr Zufriedenheit entwickeln mit dem Ort, an dem Sie leben, und gehen nicht in die Falle des Minds, dass Sie nicht glücklich sein können, solange Sie nicht umgezogen sind. Sie können schon jetzt glücklich sein, indem Sie Ihre wertende Geisteshaltung und Ihren inneren Widerstand aufgeben zugunsten einer Haltung des Friedens.

Stufe 5

LIEBE

Tagesprogramm

Morgendliche Mind-Calm-Sitzung
Om Liebe (Herzzentrum): nur Calm-Gedanke.
*(Empfohlene Dauer: 10 – 15 Minuten oder länger, wenn Sie
die Zeit haben.)*

Tagsüber Mind-Calm-Spiel
Liebendes pinkfarbenes Licht: Heilen Sie den Teil von
sich, der die anderen ist.

Tagsüber Frieden-mit-dem-Mind-Protokoll
Machen Sie Ihren Frieden mit Ihren Beziehungen.

Abendliche Mind-Calm-Sitzung
Gehen Sie alle zehn Calm-Gedanken durch.
*(Empfohlene Dauer: 10 – 15 Minuten oder länger, wenn Sie
die Zeit haben.)*

Calm-Gedanke

Om Liebe (Herzzentrum)

Bedeutung: Bewusstsein ist Liebe. Sie ist ein allumfassender, alles zulassender Gemütszustand in Ihnen. Liebe kann Sie nie verlassen, denn sie ist die Qualität Ihres ureigenen Selbst. Liebe ist jenseits jedes an Bedingungen geknüpften gedanklichen Werturteils und braucht keine kopflastige Rechtfertigung oder Argumentation. Liebe ist Ihre wahre Natur und omnipräsent, damit Sie sie auskosten, indem Sie sie teilen.

Zweck: Die Mainstream-Medien und modernen Denkschulen mögen den Eindruck erwecken, dass man sich Liebe verdienen muss: Ihnen zufolge können Sie sich weder selbst lieben noch von anderen geliebt werden, wenn Sie nicht bestimmte Kriterien erfüllen, was nahelegt, dass Ihre Persönlichkeit, Ihr Körper, Ihr Beruf, Ihr Sozialleben etc. auf ganz bestimmte Weise geartet sein muss, damit Sie in Ihren Augen und in den der anderen als liebenswert gelten können. Doch das stimmt nicht. Eine an Bedingungen geknüpfte Liebe wie diese ist keine Liebe. Liebe ist bedingungslos und ohne jede Wertung. Sie steht daher über dem Urteil des Minds und stellt keine Forderungen oder Regeln auf. Liebe ist das natürliche Nebenprodukt, das sich einstellt, wenn Sie den Mind loslassen und zur Essenz Ihres Seins zurückkehren.

Fokus: Der Calm-Gedanke «Om Liebe» mit dem Fokuspunkt auf Ihrem Herzzentrum kann Ihnen helfen, die Überzeugung loszulassen, dass Sie etwas tun oder beweisen oder besser werden müssen, um liebenswert zu sein. «Om Liebe» erlaubt Ihnen, sich selbst, andere und die Welt zu lieben, ohne zu erwarten, dass Sie etwas dafür zurückbekommen müssen.

Mind-Calm-Spiel

Liebendes pinkfarbenes Licht: Heilen Sie den Teil von sich, der die anderen ist

Diese Technik ist uralt und dazu da, Beziehungen zu heilen. Sie wird dazu benutzt, Schmerz und Leiden zwischen dem Anwender und dem Gegenüber zu heilen, indem Ihr innerer Widerstand gegen sich selbst und andere geheilt wird. Wenn Sie Liebendes pinkfarbenes Licht spielen, heilen Sie im Wesentlichen den Teil von sich, der die anderen ist – was viel mehr Sinn macht, wenn Sie verstehen, dass wir alle letztlich ein Bewusstsein sind, das mannigfaltige menschliche Erfahrungen macht.

Spielregeln

1. Schließen Sie die Augen und praktizieren Sie SWAWO.
2. Begeben Sie sich in einen liebevollen Raum. Erinnern Sie sich an eine Zeit, in der Sie sich geliebt fühlten oder Liebe erlebt haben.
3. Vor Ihrem geistigen Auge stellen Sie sich nun liebevolles pinkfarbenes Licht vor, das von Ihrem Herzen ausstrahlt und Sie in eine pinkfarbene Sphäre hüllt.
4. Bleiben Sie in diesem pinkfarbenen Licht. Rufen Sie sich eine liebevolle Erinnerung an sich selbst ins Gedächtnis (sie kann ganz frisch sein oder aber auch aus Ihrer Kindheit stammen) und projizieren Sie diesen Aspekt Ihrer selbst außerhalb des pinkfarbenen Lichts. Tauchen Sie diese Projektion Ihrer selbst in das liebevolle pinkfarbene Licht, das noch immer von Ihrem Herzen ausstrahlt.
5. Dann stellen Sie sich vor, wie Ihre gesamte Familie – Mutter, Vater, Geschwister, Partner, Kinder – einer nach dem anderen vor Ihnen erscheint, außerhalb des pinkfarbenen Lichts. Wenn möglich, erinnern Sie sich an diese Personen so, wie

sie in einer liebevollen Situation aussahen. Nun stellen Sie sich vor Ihrem geistigen Auge vor, wie Sie jeden Einzelnen von ihnen mit dem pinkfarbenen Licht bedecken, so als würden Sie einen Kuchen glasieren. Hüllen Sie sie in Licht ein, lassen Sie sie dann gehen und machen Sie mit der nächsten Person weiter. Wenn Sie an einen dieser Menschen keine liebevolle Erinnerung haben, stellen Sie sich denjenigen einfach frontal vor Ihnen vor. Wenn Ihnen das auch nicht möglich ist, visualisieren Sie, wie Sie ihn in einiger Entfernung und/oder abgewandt von Ihnen aufstellen.

6. Als Nächstes tun Sie dasselbe mit jedem Menschen, zu dem Ihre Beziehung emotional belastet oder unangenehm ist.

7. Lassen Sie zu, dass jeder andere (ob Sie ihn persönlich kennen oder nicht) vor Ihrem geistigen Auge auftauchen darf. Bedecken Sie ihn mit dem liebevollen pinkfarbenen Licht und lassen Sie auch ihn wieder gehen.

Am Anfang sollte dieses Spiel nicht länger als zehn Minuten dauern, mit etwas Übung werden es nur noch fünf Minuten sein. Wenn Sie sich das pinkfarbene Licht einfach nicht vorstellen können, ist das in Ordnung, denn wichtig ist allein die Intention dahinter. Wenn jemand vor Ihrem geistigen Auge verschwindet, können Sie davon ausgehen, dass er für diesen Tag «fertig» ist. Sie werden ein Gefühl dafür entwickeln, wann jemand «geheilt» ist und die pinkfarbene Lichtwäsche nicht länger braucht. Einige Menschen werden eine Zeitlang nicht auftauchen; andere wiederum, die Sie gar nicht erwarten würden, werden plötzlich da sein, um sich in pinkfarbenes Licht hüllen zu lassen.

Diese Technik hat sich als höchst erfolgreich erwiesen bei Menschen, die vergewaltigt, gemobbt oder missbraucht wurden. Jugendliche Ausreißer haben nach nur wenigen Wochen, nachdem sie diese Technik anzuwenden begannen, wieder eine Verbindung zu ihrer Familie aufgebaut. Obwohl die meisten Anwender diese Technik einfach finden, haben einige Schwierigkeiten mit Schritt 3. Seien Sie nachsichtig mit sich selbst und freuen Sie sich über alle etwaigen Resultate.

Frieden-mit-dem-Mind-Protokoll

Schließen Sie Frieden mit Ihren Beziehungen
Folgen Sie dem Frieden-mit-dem-Mind-Protokoll, um Ihre Beziehung zu Ihren Beziehungen zu heilen, darunter die Beziehung

- zu Expartnern
- zum derzeitigen Partner
- zur Familie
- zu Freunden
- zu Kollegen
- jedem, den Sie nicht mögen.

Zu den Aspekten Ihrer individuellen Beziehungen, die Sie vielleicht ebenfalls heilen möchten, zählen

- Sex und Intimität
- Meinungsverschiedenheiten
- allgemeine Interessen
- geschmackliche Vorlieben
- zwiespältige Angewohnheiten
- soziale Präferenzen.

Lassen Sie sich von dieser Liste inspirieren und denken Sie darüber nach, was Sie derzeit als Problem in Bezug auf Ihre Beziehungen betrachten. Dann folgen Sie dem Frieden-mit-dem-Mind-Protokoll, um Ihren Frieden mit den Gedanken und Emotionen zu machen, die Sie zu bestimmten Problemen in Beziehungen haben.

Das sechsstufige Frieden-mit-dem-Mind-Protokoll

1. Das wahrgenommene Problem

Formulieren Sie das Problem, zu dem Sie Ihre Beziehung heute heilen wollen.

2. Der Wirklichkeitscheck

Kommen Sie jetzt hier an, indem Sie wahrnehmen, was in diesem Moment gerade stattfindet.

3. Vom Mind produziert

Lassen Sie vorübergehend die Geschichte in Ihrem Geist über das Problem zu.

4. Mit Widerstand dauert es länger

Nehmen Sie den besonderen Gedanken zur Kenntnis, gegen den Sie sich wehren, und die Stelle, wo Sie ihn in/an Ihrem Körper spüren.

5. Her damit!

Lassen Sie den besonderen Gedanken und das dazugehörige Gefühl ohne Gegenwehr in Ihnen präsent sein.

6. Mind-Calm-Sitzung

Spielen Sie während einer Calm-Sitzung damit, «zu betrachten, aber nicht zu sein».

Sagen wir zum Beispiel, Sie leisteten Widerstand gegen eine Trennung. Jedes Mal, wenn Sie an den betreffenden Menschen denken, sind Sie traurig, dass Sie nicht mehr mit ihm zusammen sind. Zuerst sollten Sie den Gedanken über die Trennung identifizieren, gegen den Sie sich am stärksten wehren, etwa: *Ohne ihn/sie bin ich nichts.* Denken Sie daran: Der Mind neigt zu Übertreibungen! Dann werden Sie herauszufinden versuchen, wo in Ihrem Körper Sie diesen Gedanken spüren, wenn Sie ihn denken. Anschließend lassen Sie den Gedanken und die Emotion in Ihnen ohne jeden Widerstand gegenwärtig sein: «Her damit!» Denken Sie daran: Sie sagen damit nicht «Her damit!» zu der Tatsache, dass Sie sich getrennt haben, sondern zu dem Gedanken, den Sie in Bezug auf die Trennung denken.

Wenn Sie Frieden mit Ihren Gedanken über Ihre Beziehungen schließen, können Sie auch Frieden mit vergangenen, aktuellen und möglichen künftigen Beziehungen schließen. Innerer Frieden rund um Beziehungen kann Ihnen ebenfalls helfen, weniger zu klammern, das Gefühl, geliebt zu sein, nicht von anderen abhängig zu machen, und in der Folge mehr bedingungslose Liebe zu erfahren.

Stufe 6

WAHRHEIT

Tagesprogramm

Morgendliche Mind-Calm-Sitzung
Om Wahrheit (Kehle): nur Calm-Gedanke.
(Empfohlene Dauer: 10–15 Minuten oder länger, wenn Sie die Zeit haben.)

Tagsüber Mind-Calm-Spiel
Stille spricht: Werden Sie sich der Stille bewusst, die erst Geräusche ermöglicht.

Tagsüber Frieden-mit-dem Mind-Protokoll
Machen Sie Ihren Frieden mit Ihrer Karriere.

Abendliche Mind-Calm-Sitzung
Gehen Sie alle zehn Calm-Gedanken durch.
(Empfohlene Dauer: 10–15 Minuten oder länger, wenn Sie die Zeit haben.)

Mind-Calm-Gedanke

Om Wahrheit (Kehle)

Bedeutung: Die Wahrheit ist wahr, ob Sie sie nun glauben oder nicht. Die Wahrheit ist absolut und ewig und existiert jenseits der Grenzen der vom Mind gemachten Konzepte. Wahrheit kann gedanklich erfasst werden, doch sie entfaltet ihre transformativen heilenden Kräfte ausschließlich durch die unmittelbare Erfahrung einer lebendigen Seele.

Zweck: Wenn sie die Wahl hätten, würden die meisten Menschen sich lieber dafür entscheiden, die Wahrheit zu erfahren, als eine Lüge zu leben. Dennoch leben viele ein Leben voller falscher Wahrheiten, weil sie die Glaubenssätze ihres Minds für absolut wahr halten, obwohl sie es in den meisten Fällen nicht sind. Ein Mensch kann etwas glauben und ein anderer Mensch genau das Gegenteil davon. Beide mögen – relativ gesehen – recht haben, aber beide könnten auch einer Illusion relativer Richtigkeit zum Opfer fallen. Glaubenssätze sind immer nur relativ wahr. Die Wahrheit ist andererseits für jeden wahr und zu jeder Zeit und an jedem Ort, auf dieselbe Weise, wie Sie nicht an Schwerkraft zu glauben brauchen, damit Ihre Füße auf dem Boden bleiben und nicht abheben. Sie müssen auch nicht an den Augenblick glauben, damit er immer gegenwärtig sein kann. Wahrheit braucht den Mind nicht, um zu existieren. Sie ist einfach.

Fokus: Der Gedanke «Om Wahrheit» mit der Aufmerksamkeit auf Ihrer Kehle kann Ihnen helfen, sich auf die lebendige Wahrheit jeder möglichen Situation einzustimmen und sich mit ihr zu verbinden. Sie können echt und ehrlich zu sich selbst und anderen sein und Ignoranz und Selbsttäuschung auslöschen, um zur wahren Wirklichkeit zu erwachen.

Mind-Calm-Spiel

Stille spricht: Werden Sie sich der Stille bewusst, die erst Geräusche ermöglicht

Bevor ich das Rahmen-Bewusstsein entdeckte, dachte ich immer, dass es entweder nur «laut» oder nur «still» sein könnte. Doch in Wahrheit muss gleichzeitig auch Stille existieren, damit es Geräusche geben kann. Klingt seltsam? Für mich schon, als ich es zum ersten Mal hörte, aber es stimmt, wenn Sie aufmerksam genug sind, um die Stille zu hören. Innere Stille ist uns so vertraut, dass wir leicht ihre Allgegenwart vergessen. Kinder kennen sie gut, Erwachsene weniger, weil sie sich so sehr vom Inhalt der Geräusche ablenken lassen.

Denken Sie einen Moment lang über Folgendes nach: Könnten Sie irgendetwas hören, wenn Lärm der Rahmen wäre? Oder braucht es Stille, damit es überhaupt Geräusche geben kann? Selbst wenn Sie auf einem Rockkonzert sind und die Musik so laut ist, dass Ihre Ohren den ganzen nächsten Tag klingeln, muss doch konstant Stille existieren, damit Sie die Musik hören können. Sonst wäre der Rahmen Lärm, und Sie könnten gar nichts hören! Die Wahrheit ist, dass allem die Präsenz der Stille zugrunde liegt, die Ihnen Geräusche zu hören erlaubt, und dass diese Stille in Ihnen wohnt.

Spielregeln

1. Mit am leichtesten lässt sich Stille in Ihren Ohren finden. Richten Sie Ihre Aufmerksamkeit auf jedes Geräusch, das Sie gerade jetzt hören können, und beginnen Sie sanft wahrzunehmen, dass es eine innere Stille gibt, die es Ihnen ermöglicht, es zu hören.

2. Konzentrieren Sie sich weniger auf das, was Sie hören. Lenken Sie Ihre Aufmerksamkeit stattdessen auf denjenigen in

Ihnen, der lauscht. Machen Sie sich sanft den Zuhörer in Ihnen bewusst, um die Präsenz des Jetzt aufzuspüren.

3. Eine weitere Methode, die Stille wahrzunehmen, besteht darin, Ihre Aufmerksamkeit auf den Mittelpunkt Ihres Schädels zu lenken und sie dann langsam nach außen in Richtung Ihrer Ohren zu verlagern.

Einige Menschen erleben einen Moment, in dem sie die Stille wahrnehmen; sie wird ganz klar und überdeutlich. Das Spiel mit der Verlagerung Ihrer Aufmerksamkeit nach innen ist eine höchste effektive Methode, sich nicht mehr auf den denkenden Mind zu konzentrieren und die Aufmerksamkeit stattdessen auf den Rahmen zu verlegen. Da Sie das fühlen, worauf Sie sich fokussieren, hilft Ihnen die Ausrichtung auf die Stille dabei, gelassener zu werden.

Frieden-mit-dem-Mind-Protokoll

Schließen Sie Frieden mit Ihrem Beruf

Wenn Sie Ihre Wahrheit leben, leben Sie den Zweck, warum Sie auf der Welt sind. In diesem Teil des Programms wenden Sie das Frieden-mit-dem-Mind-Protokoll an, um Ihre Beziehung zu allen Bereichen rund um den Beruf zu heilen:

- Position
- Karriere
- Arbeitspensum
- Druck
- Einkommen
- Langeweile
- Entlassung
- Konkurrenz.

Lassen Sie sich von dieser Liste inspirieren und denken Sie darüber nach, was Sie derzeit als Problem in Bezug auf Ihren Beruf betrachten. Dann wenden Sie das Frieden-mit-dem-Mind-Protokoll an, um Frieden mit den Gedanken und Emotionen zu schließen, die Sie zu einem bestimmten Thema in Bezug auf die Arbeit und die Erfüllung Ihrer Aufgaben haben.

Das sechsstufige Frieden-mit-dem-Mind-Protokoll

1. Das wahrgenommene Problem

Formulieren Sie das Problem, zu dem Sie Ihre Beziehung heute heilen wollen.

2. Der Wirklichkeitscheck

Kommen Sie jetzt hier an, indem Sie wahrnehmen, was in diesem Moment gerade stattfindet.

3. Vom Mind produziert

Lassen Sie vorübergehend die Geschichte in Ihrem Mind über das Problem zu.

4. Mit Widerstand dauert es länger

Nehmen Sie den besonderen Gedanken zur Kenntnis, gegen den Sie sich wehren, und die Stelle, wo Sie ihn in/an Ihrem Körper spüren.

5. Her damit!

Lassen Sie den besonderen Gedanken und das dazugehörige Gefühl ohne Widerstand in Ihnen präsent sein.

6. Mind-Calm-Sitzung

Spielen Sie während einer Calm-Sitzung damit, «zu betrachten, aber nicht zu sein».

Sagen wir zum Beispiel, Sie hätten Angst davor, entlassen zu werden. Wenn Sie darüber nachdenken, warum Sie sich diese Sorgen machen, entdecken Sie den zugehörigen Gedanken in Ihrem Mind – *Ich habe Angst, dass ich keine neue Stelle finde* – und spüren ihn in Ihrem Magen. Sie werden dann sehen, was passiert, wenn Sie die Gedanken und Emotionen zulassen, ohne sich dagegen zu wehren, dass sie in Ihrem Mind und Körper sind. Nachdem Sie einige Augenblicke damit zugebracht haben, den Gedanken «zu betrachten, nicht er zu sein», stellen Sie vielleicht fest, dass die Gefühle oder Ängste nicht mehr so stark sind, sodass Sie Ihre Arbeit mit Mind Calm fortsetzen können. So können Sie beruflich nicht nur zur Hochform auflaufen (was Sie zu einem noch wertvolleren Teammitglied werden lässt), sondern arbeiten auch weiter, frei von jeder Besorgnis.

Stufe 7

KLARHEIT

Tagesprogramm

Morgendliche Mind-Calm-Sitzung
Om Klarheit (Mitte der Stirn): nur Calm-Gedanke.
(Empfohlene Dauer: 10–15 Minuten oder länger, wenn Sie die Zeit haben.)

Tagsüber Mind-Calm-Spiel
Erleuchtetes Auge: Schauen Sie in die Welt von der Mitte Ihres Schädels aus.

Tagsüber Frieden-mit-dem-Mind-Protokoll
Machen Sie Ihren Frieden mit jenen Seiten der Gesellschaft, mit denen Sie Schwierigkeiten haben.

Abendliche Mind-Calm-Sitzung
Gehen Sie alle zehn Calm-Gedanken durch.
(Empfohlene Dauer: 10–15 Minuten oder länger, wenn Sie die Zeit haben.)

Calm-Gedanke

Om Klarheit (Mitte der Stirn)

Bedeutung: Verwirrung entspringt einem unruhigen Mind und zu viel Grübelei. Die widersprüchliche Natur des Geistes – in der einen Minute produziert er Gedanken über eine Sache und in der nächsten Minute die absolut entgegengesetzte Ansicht – erschwert es, durch den Mind zur echten Klarheit zu kommen. Klarheit entspringt der Stille im achtsamen Bewusstsein.

Zweck: Klarheit schafft die optimale innere Ausgangsbasis für Höchstleistungen. Ohne Klarheit sind Sie nicht vollkommen präsent und lassen sich letztlich durch mentale Aktivität ablenken, die sowohl einengend als auch verwirrend sein kann. Sich auf den Mind zu verlassen, um Klarheit zu gewinnen, bringt überhaupt nichts, denn der Mind springt bei seinem Bewertungsspiel zwischen polaren Gegensätzen hin und her, oft auch noch auf alles dazwischen. Sein ewiges *Was wäre, wenn*, *Aber* und *Vielleicht* kann die Entscheidungsfindung lähmen und Engagement und fokussiertes Handeln behindern.

Fokus: Der Calm-Gedanke «Om Klarheit» mit Ihrer Aufmerksamkeit in der Mitte der Stirn kann spontan Klarheit bringen. Manche Menschen, die diesen Calm-Gedanken angewandt haben, berichten, dass sie buchstäblich spürten, wie sich ihr drittes Auge in der Mitte ihrer Stirn öffnete. Das dritte Auge ist als Pforte zum Reich der Stille und des höheren Bewusstseins bekannt. Es kann in der Tat sehr machtvoll sein.

Mind-Calm-Spiel

Erleuchtetes Auge: Schauen Sie in die Welt von der Mitte Ihres Schädels aus

Das Erleuchtetes-Auge-Spiel ist eine phantastische Übung, um sich auf ein Bewusstsein einzustimmen, das den ganzen Tag über wachsam ist. Anstatt Ihre gesamte Aufmerksamkeit nach außen auf Objekte und Bewegungen zu lenken, richten Sie sie nach innen, um von der Mitte Ihres Schädels aus in die Welt zu schauen.

Das erleuchtete Auge ist eine Pforte, die nach innen ins Reich des stillen Raums und höheren Bewusstseins führt. Wenn Sie diese Technik anwenden, können Sie gar nicht anders – Sie werden des stillen Bewusstseins gewahr, das nach außen blickt. Und wenn Sie sich dessen gewahr werden, beginnen Sie Ihr eigenes Bewusstsein zu erfahren, das – wie wir schon gesehen haben – unbewegt, still und weit ist.

Spielregeln
- Beim Erleuchtetes-Auge-Spiel erleben Sie, wie es ist, von der Mitte Ihres Schädels aus in die Welt zu schauen.
- Dazu tun Sie so, als wären Ihre Augen wie durch Magie nach hinten gerutscht und Sie würden nun aus Ihrem Schädel heraussehen. Achten Sie dabei darauf, ob Ihr Mind ruhiger wird, und Sie werden sich des stillen Beobachters in Ihnen bewusster.

Frieden-mit-dem-Mind-Protokoll

Schließen Sie Frieden mit der Gesellschaft

Mit der Klarheit kommt hellwache Erkenntnis, dank der Sie einen Blick über den Tellerrand hinaus auf die Vollkommenheit werfen können. In diesem Teil des Programms werden Sie dem Frieden-mit-dem-Mind-Protokoll folgen, um Ihre Beziehung zu Problemen mit der Gesellschaft zu heilen, darunter

- Politik
- Gesetze und Vorschriften
- soziale Normen
- Religion
- Antiterrorkrieg
- Konzerne
- Nachrichten
- Medien.

Sie müssen keineswegs etwas für richtig halten oder hinnehmen, was Sie in der Gesellschaft beobachten – schauen Sie einfach nur mit mitfühlendem Blick darauf. Lassen Sie sich von der Liste inspirieren und denken Sie darüber nach, was Sie derzeit als Problem in der Gesellschaft betrachten. Nun folgen Sie dem Frieden-mit-dem-Mind-Protokoll, um Frieden mit Ihren Gedanken und Emotionen zu dem bestimmten gesellschaftlichen Problem zu schließen, das Ihnen Sorgen macht.

Das sechsstufige Frieden-mit-dem-Mind-Protokoll
1. Das wahrgenommene Problem
Formulieren Sie das Problem, zu dem Sie Ihre Beziehung heute heilen wollen.

2. Der Wirklichkeitscheck
Kommen Sie jetzt hier an, indem Sie wahrnehmen, was in diesem Moment gerade stattfindet.

3. Vom Mind produziert

Lassen Sie vorübergehend die Geschichte in Ihrem Mind über das Problem zu.

4. Mit Widerstand dauert es länger

Nehmen Sie den besonderen Gedanken zur Kenntnis, gegen den Sie sich wehren, und die Stelle, wo Sie ihn in/an Ihrem Körper spüren.

5. Her damit!

Lassen Sie den besonderen Gedanken und das dazugehörige Gefühl ohne Widerstand in Ihnen präsent sein.

6. Mind-Calm-Sitzung

Spielen Sie während einer Calm-Sitzung damit, «zu betrachten, aber nicht zu sein».

Vielleicht sind Sie zum Beispiel absolut genervt von den Medien und hegen Meinungen, die Sie wütend machen. Wenn Sie das Protokoll ausführen, versuchen Sie, Ihren emotional am stärksten geladenen Gedanken über die Medien aufzuspüren, gegen den Sie sich wehren, beispielsweise: *Die Medien schreiben Probleme herbei*. Nun finden Sie heraus, wo in Ihrem Körper Sie diesen Gedanken spüren. Sobald Sie die Stelle lokalisiert haben, sagen Sie «Her damit!» zu den Gedanken und Gefühlen. Indem Sie Ihren inneren Widerstand loslassen, können Sie wieder eine friedvollere Perspektive einnehmen.

Feuer mit Feuer zu bekämpfen funktioniert nicht. Die beste Methode, den Frieden in der Gesellschaft zu fördern, besteht darin, innere Ruhe in jedem Einzelnen zu kultivieren. Indem Sie das Frieden-mit-dem-Mind-Protokoll auf gesellschaftliche Themen anwenden, die Sie frustrieren oder beunruhigen, werden Sie zum Botschafter des Friedens und führen auf bewusst mitfühlende Art den Wandel herbei.

Stufe 8

WEISHEIT

Tagesprogramm

Morgendliche Mind-Calm-Sitzung
Om Weisheit (Scheitel): nur Calm-Gedanke.
(Empfohlene Dauer: 10–15 Minuten oder länger, wenn Sie die Zeit haben.)

Tagsüber Mind-Calm-Spiel
Das Nirwana schauen: Spielen Sie mit der Vorstellung, dass nichts falsch ist.

Tagsüber Frieden-mit-dem-Mind-Protokoll
Machen Sie Ihren Frieden mit der Zeit, auch mit der Vergangenheit und der Zukunft.

Abendliche Mind-Calm-Sitzung
Gehen Sie alle zehn Calm-Gedanken durch.
(Empfohlene Dauer: 10–15 Minuten oder länger, wenn Sie Zeit haben.)

Calm-Gedanke

Om Weisheit (Scheitel)

Bedeutung: Weisheit ist nichts Erlerntes, sondern Erinnertes. Weisheit entsteht in uns allen. Sie hat nichts mit Alter oder Erziehung zu tun und alles mit Ihrer Fähigkeit, jenseits des Minds auf jenes innere Wissen zu lauschen, das sich Gehör verschafft, wenn der ruhige, stille Raum da ist, der das zulässt.

Zweck: Sie mögen beispielsweise vollkommen ahnungslos in Quantenphysik sein, aber wenn sie in Ihrem Leben auftaucht, haben Sie alle nötige Weisheit in sich, um jede aufsteigende Frage dazu beantworten zu können. Jeder, der schon mal mit Kindern Zeit verbracht hat, weiß, wie weise sie sein können. Sie haben noch keine begrenzenden Glaubenssätze übernommen, verlassen sich beim Antworten nicht zu sehr auf ihren Mind und sind offen für die Lektionen der inneren Weisheitsquelle, mit der sie seit der Geburt verbunden sind. Beim Heranwachsen vergessen wir meist, der inneren Stimme zu vertrauen, oder sie wird vom Lärmen des Minds übertönt, der sich so anstrengt, alles zu ergründen. Weisheit arbeitet weniger auf der Basis von Logik oder Vernunft als vielmehr mit Intuition und Wahrheit.

Fokus: Der Calm-Gedanke «Om Weisheit» mit Ihrer Aufmerksamkeit auf dem Scheitel – dort, wo wir nach Ansicht vieler spiritueller Lehrer mit der «allwissenden Weisheit» verbunden sind – kann helfen, die Weisheit an der Quelle des höchsten Bewusstseins anzuzapfen, mit dem Sie eins sind.

Mind-Calm-Spiel

Das Nirwana schauen: Spielen Sie mit der Vorstellung, dass nichts falsch ist

Die Überzeugung, dass etwas falsch ist, ist eine große heimliche Quelle der Angst. Dieser subtile Glaubenssatz führt dazu, dass sich Menschen gegen das wehren, was passiert, und sich dadurch unglaublich viel unnötigen Stress machen. Sie können nicht alles kontrollieren, was passiert, aber Sie können den Glaubenssatz heilen, der das, was passiert, so stressig macht. Wenn Sie dringend einen Moment der Gelassenheit brauchen, wenden Sie diese Technik an, um sich wieder mit dem inneren, präsenten Frieden zu verbinden.

Spielregeln
- Stellen Sie sich vor, Sie könnten in Ihren Mind hineingreifen und den Glaubenssatz herausholen, dass etwas falsch ist. Genau – wie durch Zauberei würde dabei der Glaubenssatz, dass etwas mit Ihrem Körper, Ihrem Leben oder Ihrer Welt nicht stimmt, vollständig aus Ihrem Geist entfernt.
- Was ist dann noch übrig? Ernsthaft, machen Sie weiter damit und nehmen Sie wahr, wie sich das anfühlt.

Die Berichte der vielen Menschen, mit denen ich dieses Spiel gespielt habe, sind bemerkenswert. In ihren Augen sehe ich sofort Erleichterung, und sie berichten, dass es sich «frei» anfühle, «erleichternd», «friedlich» und «weit», um nur einige Antworten zu nennen. Wie ist es für Sie, wenn Sie sich einen Moment Zeit nehmen, um so zu tun, als ob alles in Ordnung wäre? Wenn Sie auf das Leben durch eine Brille schauen, die nichts als falsch deklariert, beginnen Sie das Nirwana zu sehen, das um uns ist, von morgens bis abends an jedem einzelnen Tag.

Frieden-mit-dem-Mind-Protokoll

Schließen Sie Frieden mit der Zeit

Die Weisheit wohnt in Ihnen. Wenn Sie jedoch zu viel über Vergangenheit und Zukunft grübeln, werden Sie nicht von ihr profitieren können. Machen Sie das Frieden-mit-dem-Mind-Protokoll, um Ihre Beziehung zu der Zeit zu heilen, darunter auch

- Traumata aus der Vergangenheit
- künftige Sorgen
- Widerstand gegen das, was ist
- vergangene Misserfolge
- falsche Entscheidungen
- vergangene Leben.

Lassen Sie sich von dieser Liste inspirieren und denken Sie darüber nach, was Sie als Problem in Bezug auf Ihre Vergangenheit oder Zukunft betrachten. Nun folgen Sie dem Frieden-mit-dem-Mind-Protokoll, um Ihren Frieden zu machen mit den Gedanken und Emotionen in Bezug auf Dinge, die geschehen sind oder noch geschehen könnten.

Noch einmal erleben und im Voraus erleben

Die negativen Begleiterscheinungen des Phänomens, im Mind vergangene Ereignisse noch einmal zu durchleben und künftige Szenarien im Voraus durchzuspielen, sind gigantisch. Ihnen kann dabei das wirkliche Leben entgleiten, während es stattfindet, und Sie taumeln in endlosen erfundenen Albträumen herum, die viel Stress verursachen.

Frieden mit der Zeit zu schließen ist leichter, wenn Sie verstehen, dass nicht, was passiert ist, Ihnen ein schlechtes Gefühl gibt, sondern ein negatives Urteil über das Geschehene und der Widerstand gegen diese Beurteilung. Dasselbe gilt für zukünftige Sorgen. Nichts in Ihrer Zukunft hat die Macht, Stress zu verursachen oder Ihnen Ihre Gelassenheit zu rauben. Vorweggenommene künftige Möglichkeiten sind stets nur Gedanken in Ihrem Mind, die an und für sich keinerlei Macht über Ihren Frieden im aktuellen Moment haben. Um Frieden mit Vergangenheit und Zukunft zu schließen, müssen Sie verstehen, dass Sie damit nicht Frieden mit den Geschehnissen in Vergangenheit und Zukunft schließen. Sie schließen Frieden mit den Gedanken und Emotionen in Ihrem Mind über Vergangenheit und Zukunft. Um der Zeitfalle zu entgehen, machen Sie das Frieden-mit-dem-Mind-Protokoll.

Das sechsstufige Frieden-mit-dem-Mind-Protokoll

1. Das wahrgenommene Problem

Formulieren Sie das Problem, zu dem Sie Ihre Beziehung heute heilen wollen.

2. Der Wirklichkeitscheck

Kommen Sie jetzt hier an, indem Sie wahrnehmen, was in diesem Moment gerade stattfindet.

3. Vom Mind produziert

Lassen Sie vorübergehend die Geschichte in Ihrem Mind über das Problem zu.

4. Mit Widerstand dauert es länger

Nehmen Sie den besonderen Gedanken zur Kenntnis, gegen den Sie sich wehren, und die Stelle, wo Sie ihn in/an Ihrem Körper spüren.

5. Her damit!

Lassen Sie den besonderen Gedanken und das dazugehörige Gefühl ohne Widerstand in Ihnen präsent sein.

6. Mind-Calm-Sitzung

Spielen Sie während einer Calm-Sitzung damit, «zu betrachten, aber nicht zu sein».

Vielleicht hatten Sie zum Beispiel ein traumatisches Erlebnis in Ihrer Vergangenheit, das Sie immer noch umtreibt, wenn Sie daran denken. Mit Hilfe des Protokolls möchten Sie den Gedanken (oder das Bild) des Erlebnisses identifizieren, das emotional so belastet ist. Spüren Sie nach, wo in Ihrem Körper Sie den Gedanken (oder das Bild) fühlen. Wenn Sie beides herausgefunden haben, richten Sie Ihre Aufmerksamkeit darauf, über den Widerstand hinauszuwachsen, um beide in Ihrem Körper und Geist präsent sein zu lassen. Denken Sie daran: Das Ereignis liegt in der Vergangenheit, und heute, da Sie diese Übung machen, schließen Sie in Ihrem Mind nur Frieden mit den Gedanken und Emotionen zu dem Ereignis. Indem Sie den Mind «betrachten, aber nicht sind», finden Sie den weiten Rahmen der Ruhe, in dem die alte Erinnerung existiert, an der Sie arbeiten.

Wenn Sie dieses Protokoll auf Erinnerungen oder zukunftsorientierte Phantasien angewandt haben, sind Sie in der Lage, an Vergangenheit und Zukunft zu denken, ohne dass sie sich negativ oder problematisch anfühlen. Ich verstehe und erkenne die Tatsache an, dass wirklich schlimme Dinge geschehen sind oder noch geschehen können. Wenn Sie sich jedoch jetzt inneren Frieden wünschen, dann müssen Sie bereit sein, von der Vergangenheit zu lernen, indem Sie Ihre innere, allgegenwärtige Weisheit anzapfen, um die besten Ausgangsbedingungen zu schaffen für eine Zukunft, wie Sie sie sich wünschen.

Stufe 9

EINSSEIN

Tagesprogramm

Morgendliche Mind-Calm-Sitzung
Om Einssein (Weit und Ausgedehnt): nur Calm-Gedanke.
(Empfohlene Dauer: 10–15 Minuten oder länger, wenn Sie die Zeit haben.)

Tagsüber Mind-Calm-Spiel
Resonanz-Revolution: Ruhen Sie in der ruhigen Präsenz des Lebens.

Tagsüber Frieden-mit-dem-Mind-Protokoll
Machen Sie Ihren Frieden mit jenen Seiten Ihrer selbst, die Sie nicht mögen.

Abendliche Mind-Calm-Sitzung
Gehen Sie alle zehn Calm-Gedanken durch.
(Empfohlene Dauer: 10–15 Minuten oder länger, wenn Sie die Zeit haben.)

Calm-Gedanke

Om Einssein (Weit und Ausgedehnt)

Bedeutung: Getrenntheit ist eine Illusion des Minds, die daher rührt, dass Sie glauben, die Stimme in Ihrem Kopf zu sein. Es gibt keinen Zeitpunkt, zu dem Sie nicht mit dem gesamten Universum verbunden waren oder es nicht sein werden. Über jemand anderen zu richten oder ihn zu hassen bedeutet, über sich selbst zu richten oder sich selbst zu hassen. Die ultimative Liebesbeziehung im Leben ist das Einssein mit dem ruhigen, unbewegten, weiträumigen, bewussten Selbst.

Zweck: Der Geist erfindet das Gefühl, dass es ein separates Selbst gibt. Wenn es ein Ich gibt, dann gibt es auch ein Du, und wenn es ein Ich und Du gibt, dann treten «zwei» in Erscheinung. Mind Calm führt zu einer geringeren Identifikation mit den mentalen Konstrukten des Ichs in Ihrem Mind. Wenn Sie den Menschen loslassen, der Sie zu sein glauben, offenbart sich das eine Bewusstsein, das «uns» alle verbindet und in «uns» lebt. Die Erfahrung des Einsseins führt zu Freundlichkeit, Mitgefühl, Frieden und Liebe. Sie haben nie Angst vor dem Alleinsein und müssen nicht beweisen, dass Sie besser, klüger oder etwas Besonderes sind. Sie sehen die Welt mit Klarheit durch mitfühlende Augen – voller Liebe und Weisheit.

Fokus: Wenn Sie den Calm-Gedanken «Om Einssein» mit Ihrer Aufmerksamkeit auf Weit und Ausgedehnt denken, begegnen Sie der Größe und Schönheit des unendlichen Bewusstseins mit Ehrfurcht und Faszination. Der Wunsch, sich auf das «Mini-Ich» in ihrem Mind einzulassen, lässt nach und macht einer gesünderen Beziehung zu Ihrem Mind und zu allem in Ihrem Leben Platz.

Mind-Calm-Spiel

Resonanz-Revolution: Ruhen Sie in der ruhigen Präsenz des Lebens

Nun wird es Zeit für eine fortgeschrittenere und subtilere Technik. Stille Ruhe wohnt in allem, was physisch existiert. Jeder Baum und jedes Tier und selbst alltägliche Gegenstände wie das Glas, aus dem Sie trinken, und der Ort, an dem Sie leben, tragen eine Resonanz, einen Nachhall von Stille in sich. Wenn Sie präsent und aufmerksam genug werden, um die stille Resonanz des Lebens zur Kenntnis zu nehmen, beginnen Sie, mit einem neuen Blick das allem zugrundeliegende Wesen der Realität zu schauen. Und indem Sie das tun, wird es Ihnen quasi unmöglich, das Wesen der Realität Ihres wahren Selbst nicht zu entdecken.

Spielregeln

- Investieren Sie Zeit und Aufmerksamkeit in das Betrachten unbelebter Objekte – in der Absicht, sich auf sie einzustimmen und die stille Ruhe wahrzunehmen, die ihnen innewohnt.
- Wählen Sie ein Objekt aus, das Sie bewusst untersuchen wollen, und sehen Sie es sich an. Dabei versuchen Sie, die ihm innewohnende Ruhe wahrzunehmen. Es ist ruhig und ruht in seiner Ruhe. Selbst wenn es sich bewegt, wohnt ihm dennoch eine wunderbare Ruhe inne, wenn Sie offen genug sind, sie zu sehen.
- Sehen Sie hin, ohne Etiketten zu verteilen, und seien Sie ganz bei dem Objekt. Spüren Sie seine Präsenz und nehmen Sie dabei Ihre eigene wahr.

Diese Technik kann Ihre Welt wieder zum Leben erwecken und Ihnen helfen, sich in all die Schönheit um Sie herum zu verlieben.

Frieden-mit-dem-Mind-Protokoll

Schließen Sie Frieden mit sich selbst

Benutzen Sie das Frieden-mit-dem-Mind-Protokoll, um Ihre Beziehung zu Ihren Gedanken über sich selbst zu heilen, wie zum Beispiel:

- Ich bin nicht liebenswert
- Ich bin nicht erwünscht
- Ich bin ein schlechter Mensch
- Ich bin nicht gut genug
- Ich bin eine Mogelpackung
- Ich bin hässlich
- Ich bin ganz allein
- Ich bin egoistisch.

Wenn Sie an solchen selbstverletzenden Gedanken festhalten, verhindert das, dass jene erstaunlichen Gemütszustände, die den Calm-Gedanken innewohnen, in den Vordergrund Ihrer gelebten Erfahrung rücken. Negatives Denken beschränkt auch Ihre Fähigkeit, andere zu lieben, und hält Sie davon ab, Ihren «Daseinszweck» in diesem Leben zu erfüllen. Lassen Sie sich von der Liste inspirieren und denken Sie darüber nach, was Sie als Problem in Bezug auf sich selbst wahrnehmen. Dann benutzen Sie das Frieden-mit-dem-Mind-Protokoll, um Frieden zu schließen mit den Gedanken und Emotionen, die Sie zu einem bestimmten Thema in Bezug auf sich selbst haben.

Das sechsstufige Frieden-mit-dem-Mind-Protokoll

1. Das wahrgenommene Problem

Formulieren Sie das Problem, zu dem Sie Ihre Beziehung heute heilen wollen.

2. Der Wirklichkeitscheck

Kommen Sie jetzt hier an, indem Sie wahrnehmen, was in diesem Moment gerade stattfindet.

3. Vom Mind produziert

Lassen Sie vorübergehend die Geschichte in Ihrem Mind über das Problem zu.

4. Mit Widerstand dauert es länger

Nehmen Sie den besonderen Gedanken zur Kenntnis, gegen den Sie sich wehren, und die Stelle, wo Sie ihn in/an Ihrem Körper spüren.

5. Her damit!

Lassen Sie den besonderen Gedanken und das dazugehörige Gefühl ohne Widerstand in Ihnen präsent sein.

6. Mind-Calm-Sitzung

Spielen Sie während einer Calm-Sitzung damit, «zu betrachten, aber nicht zu sein».

Sie glauben zum Beispiel vielleicht, dass niemand Sie mag, und da Sie meinen, dass das stimmt, sitzen Sie schließlich mit einer negativen Emotion im Bauch da. Wenn Sie das Protokoll machen und die Gedanken und Emotionen, gegen die Sie sich normalerweise wehren würden, präsent sein lassen, können Sie die intensive Energie dieses Glaubenssatzes loslassen.

Wenn Sie das Protokoll abgeschlossen haben, sollten Sie in der Lage sein, an den negativen Glaubenssatz zu denken, ohne das Gefühl zu haben, dass er richtig ist, und Ihr Leben befreit von dieser vom Mind fabrizierten Beschränkung voll und ganz leben können.

Stufe 10

PRÄSENZ

Tagesprogramm

Morgendliche Mind-Calm-Sitzung
Om Präsenz (im gesamten Körper): nur Calm-Gedanke.
(Empfohlene Dauer: 10–15 Minuten oder länger, wenn Sie die Zeit haben.)

Tagsüber Mind-Calm-Spiel
Weise Weitsicht: Schauen Sie mit dem unendlichen Auge auf das Leben.

Tagsüber Frieden-mit-dem-Mind-Protokoll
Schließen Sie Ihren Frieden mit den restlichen problematischen Aspekten des Lebens.

Abendliche Mind-Calm-Sitzung
Gehen Sie alle zehn Calm-Gedanken durch.
(Empfohlene Dauer: 10–15 Minuten oder länger, wenn Sie die Zeit haben.)

Calm-Gedanke

Om Präsenz (im gesamten Körper)

Bedeutung: Werden Sie still und erkennen Sie, wer Sie sind – und vor allem, was Sie sind. Sie sind nicht Ihre Gedanken, Emotionen, Ihr Körper oder Ihre Lebensumstände. Sie sind das achtsame Bewusstsein, das sich all dessen bewusst ist, was in ihm stattfindet. Jenseits aller Vorstellungen des Minds davon, wer Sie sind, ist es die von Frieden und Liebe erfüllte Präsenz Ihrer selbst.

Zweck: «Om Präsenz» hilft Ihnen, Ihre Aufmerksamkeit auf die wunderbare Präsenz der ruhigen, stillen, friedvollen, alles umfassenden Liebe zu lenken – denn das ist die direkte Erfahrung des achtsamen Bewusstseins. Entwickeln Sie ein echtes Interesse daran, die göttliche und kostbare Präsenz in sich zu erkunden und zu erfahren, sodass Ihr Wunsch, Ihrem Mind Ihre gesamte Aufmerksamkeit zu widmen, von selbst abklingt. Aufmerksamkeit will irgendwohin. Wenn Sie diese Präsenz des Bewusstseins nicht entdecken, wird Ihre Aufmerksamkeit letztlich bei Ihrem Mind und bei äußeren Lebensumständen landen. Sie werden sich in Grübeleien verlieren, und innere Ruhe wird sich Ihnen entziehen. Wenn Sie aufmerksam auf die innere Präsenz Ihres Seins lauschen, leben Sie in Frieden und frei von Problemen, die Ihr Mind erfunden hat.

Fokus: Der Calm-Gedanke «Om Präsenz» mit Ihrer Aufmerksamkeit auf dem gesamten Körper bringt Ihre Aufmerksamkeit zurück in Ihren Körper, nachdem Sie den Gedanken «Om Weit und Ausgedehnt» angewandt haben, der bei manchen von Ihnen die Aufmerksamkeit vielleicht sogar bis an die Grenzen des Universums erweitern konnte. Das ist ein großartiger Calm-Gedanke, um eine Calm-Sitzung abzuschließen, und er kann Ihnen helfen, den Tag mit größerem Bewusstsein und größerer Wertschätzung für die vollkommene, friedvolle Präsenz Ihres Seins anzugehen.

Mind-Calm-Spiel

Weise Weitsicht: Schauen Sie mit dem unendlichen Auge auf das Leben

Dies ist ein wunderbares Spiel, um inneren Frieden zu kultivieren. Es mag eine merkwürdige Frage sein, aber mit wie vielen Augen sehen Sie Ihrer Meinung nach? Es versteht sich von selbst, dass Sie zwei Augen sehen, wenn Sie in den Spiegel schauen, und auch andere Menschen sehen zwei Augen, wenn sie Sie anschauen. Aber mit wie vielen Augen schauen Sie auf die Welt von Ihrem eigenen Standpunkt aus? Die Antwort, die ich normalerweise von vielen angehenden Bewusstseinserforschern bekomme, lautet: «Ich sehe mit einem Auge.» Nehmen Sie sich einen Moment Zeit, um das für sich selbst wahrzunehmen. Obwohl Sie zwei Augen haben, sehen Sie von einem Auge aus. Mit anderen Worten: Sie schauen aus *einem* rahmenlosen Fenster des Bewusstseins. Einige spirituelle Lehrer nennen dies das Auge Gottes, ich nenne es das «unendliche Auge».

Spielregeln
- Weise Weitsicht zu praktizieren bedeutet, dass sich über Ihren Schultern nichts anderes als ein großes Auge befindet.
- Spielen Sie damit, auf die Welt mit einem einzigen Auge zu schauen, das im unbewegten, stillen Raum schwebt. Das hilft, den Mind zu beruhigen, und verbindet Sie wieder mit dem wahren Selbst, das das grenzenlose achtsame Bewusstsein ist.

Frieden-mit-dem-Mind-Protokoll

Schließen Sie Frieden mit Ihrem Leben

Wenden Sie das Frieden-mit-dem-Mind-Protokoll an, um Ihre Beziehung zu den restlichen problematischen Aspekten Ihres Lebens zu heilen, darunter

- körperliche Verfassung
- Angst vor Erfolg
- negative Emotionen
- Beziehungskonflikte
- berufliche Herausforderungen
- zeitliche Zwänge
- Spiritualität
- modernes Leben.

Lassen Sie sich von dieser Liste inspirieren und denken Sie über weitere Bereiche Ihres Lebens nach, die derzeit Konflikte in Ihrem Mind heraufbeschwören, über die Sie unbarmherzig richten und mit denen Sie sich lieber gar nicht befassen würden. Nun führen Sie das Frieden-mit-dem-Mind-Protokoll durch, um Ihren Frieden mit den Gedanken und Emotionen zu machen, die Sie zu einem bestimmten Thema in Bezug auf Ihr Leben haben.

Das sechsstufige Frieden-mit-dem-Mind-Protokoll

1. Das wahrgenommene Problem
Formulieren Sie das Problem, zu dem Sie Ihre Beziehung heute heilen wollen.

2. Der Wirklichkeitscheck
Kommen Sie jetzt hier an, indem Sie wahrnehmen, was in diesem Moment gerade stattfindet.

3. Vom Mind produziert

Lassen Sie vorübergehend die Geschichte in Ihrem Mind über das Problem zu.

4. Mit Widerstand dauert es länger

Nehmen Sie den besonderen Gedanken zur Kenntnis, gegen den Sie sich wehren, und die Stelle, wo Sie ihn in/an Ihrem Körper spüren.

5. Her damit!

Lassen Sie den besonderen Gedanken und das dazugehörige Gefühl ohne Widerstand in Ihnen präsent sein.

6. Mind-Calm-Sitzung

Spielen Sie während einer Calm-Sitzung damit, «zu betrachten, aber nicht zu sein».

Wenn Sie dieses Protokoll beendet haben, sollten Sie in der Lage sein, über das betreffende Lebensthema nachzudenken, ohne dass sich ein schlechtes Gefühl einstellt.

Herzlichen Glückwunsch zum Absolvieren
des Programms!

Zum Schluss

DIE HERRLICHKEIT DER HINGABE

Hingabe steht im Zentrum von Mind Calm. Damit meine ich nicht, dass Sie die weiße Flagge hissen oder sich unterwerfen müssen, sondern dass Sie die Fähigkeit loszulassen kultivieren. Wenn Sie von diesem Buch profitieren möchten, müssen Sie bereit sein loszulassen. Nur wenn Sie alle fixen Ideen darüber, wie Ihr Mind, Körper und Leben sein sollten, über Bord werfen, können Sie in vollem Umfang die Freude und die Gnade genießen, die uns konstant in jedem einzelnen Augenblick des Daseins zufließen.

Lassen Sie sich von der liebenden Hand
des Universums leiten.

Folgen Sie dem Flow

Schöpfung findet in all ihrer ehrfurchtgebietenden Herrlichkeit genau jetzt statt. Sich gegen das Leben zu wehren heißt, Magie und Wunder zu verbannen. Alles geschieht, um Ihnen dabei zu helfen, aufzuwachen, bedingungslos zu lieben und Ihren Lebenssinn zu erfüllen. Der Versuch, Ihr Leben so werden zu lassen, wie es nach Ihrer Vorstellung sein müsste, ist wie der Versuch, das Universum durch ein Nadelöhr zu quetschen. Das

Universum, in dem wir spielen, ist voller Überfluss. Es versucht, Ihnen alles zu geben. Immer. Es gibt keinen Augenblick, in dem Ihnen das, was Sie gerade brauchen, nicht mit vollen Händen geschenkt würde. Ja, wenn Sie weiter an den selbstauferlegten Beschränkungen Ihres Minds festhalten, können Sie bestenfalls bekommen, was Ihre Glaubenssätze für möglich halten.

Bleiben Sie offen dafür, dass sich Brandneues zeigen kann. Damit Sie dorthin kommen, wo Sie sein sollen, müssen Sie bereit sein, sich von Ihrem Leben an Orte tragen zu lassen, an die Sie vielleicht nicht gehen wollen. Folgen Sie dem Flow, indem Sie aus einem bejahenden Herzen heraus leben, das sich all dem ergibt, was der Augenblick bringt. Bereiten Sie sich darauf vor, dass sich Ihnen die helfende Hand des Universums immer dann entgegenstreckt, wenn Sie es am wenigsten erwarten. Seien Sie offen und erwarten Sie ungeahnte Wunder.

Lasst Worten Taten folgen!

Werden Sie zum hellen Stern im Leben der Menschen, die Ihren Weg kreuzen, sodass auch sie erkennen, dass ein Leben in Frieden und Liebe möglich ist. Alle erwachen und finden in ihrem eigenen Tempo ihren individuellen und einzigartigen Weg. Überstürzen Sie diesen Prozess nicht. Kosten Sie ihn aus. Sie sind hier, um Ihr wahres Selbst kennenzulernen und wach zu werden für das, was jenseits der Beschränkungen des Minds existiert.

Setzen Sie die Lehren in die Tat um und
verinnerlichen Sie die Techniken.

Kümmern Sie sich weniger darum, noch mehr Konzepte und Ideen über das Leben zu sammeln, und konzentrieren Sie Ihre

Aufmerksamkeit darauf, achtsam bewusst zu sein. Wenn Sie nicht lernen, im Hier und Jetzt zu sein, sind auch alle neuen Ideen unnütz, denn Sie werden dem «wahren Leben» immer einen Schritt hinterherhinken. Die Haltung der aktiven Ruhe lässt Sie den Schritt vom Wissen zu einem Leben in Weisheit machen.

Um das schönste Leben zu haben, müssen Sie nicht an sich «herumdoktern» – Sie müssen nur absolut wach sein für alles, was sich Ihnen in jedem Moment zeigen will. In Ihnen wohnt immer das höchste Bewusstsein, voller Licht, Liebe und Erleuchtung. Es ist an Ihnen, es selbst zu erfahren. Alles, was Sie brauchen, um diesen Reichtum auszukosten, ist Ihre Aufmerksamkeit. Je mehr Sie loslassen, desto eher werden Sie die Fülle des stillen, unbewegten Raums finden und die Vollkommenheit des sich entfaltenden Lebens.

Vereinfachen Sie Ihr Leben

Freude und Erfüllung sind unmöglich, wenn Sie sich weiter so sehr unter Druck setzen, dass Sie nicht genießen können, was Sie haben. Das endlose Streben nach Besitz und Prestige muss ein Ende haben und einem einfachen und bescheidenen Leben Platz machen.

Je weniger Sie von Besitz besessen sind,
desto mehr inneren Frieden werden Sie besitzen.

So viel Zeit wird dafür aufgewendet, ein kompliziertes Leben zu managen, dass schließlich die Katze nur noch dem eigenen Schwanz hinterherjagt. Komplexität belastet Ihren Körper, hält Ihren Mind auf Hochtouren und erstickt Ihren Spirit. Obwohl es in diesem Buch hauptsächlich um Ihre innere Beziehung zum Leben geht, ist es auch in höchstem Maße nutzbringend, Ihr äußeres Leben ruhiger zu gestalten. Wenn Sie sich mehr inneren Frieden wünschen, hilft es sehr, Ihr Leben im Außen einfacher zu gestalten. Mit den folgenden sieben simplen Methoden bringen Sie mehr Ruhe in Ihren Alltag:

1. Kaufen Sie weniger.
2. Misten Sie aus.
3. Schrumpfen Sie sich gesund, wo immer das möglich ist.
4. Stellen Sie für mindestens eine Stunde am Tag Fernseher, Telefon, Computer, Tablet und alle anderen elektronischen Ablenkungen ab.
5. Nehmen Sie naturbelassene Lebensmittel zu sich, die frei von künstlichen Zusatzstoffen sind.
6. Trinken Sie mehr Wasser und weniger aufputschende Getränke und Alkohol.
7. Tun Sie jeden Tag einige Minuten lang gar nichts.

Diese simplen Strategien zur Vereinfachung Ihres Lebens tragen zur Beruhigung von Geist und Körper bei und lassen Raum für geistige Höhenflüge. Sich jeden Tag ein paar Minuten Zeit zu nehmen, um rein gar nichts zu tun, kann umwälzende Auswirkungen haben. Weniger zu kaufen, was nur Platz wegnimmt, und ab und zu technische Geräte auszuschalten kann ebenfalls Wunder wirken; eine weitere entscheidende Maßnahme, um sich wieder mit dem Reichtum zu verbinden, den das Leben zu bieten hat, besteht darin, dass Sie sich immer wieder Zeit nehmen, die Gesellschaft der Menschen um Sie herum oder das zu genießen, was Sie gerade tun. Kurz gesagt: Es zahlt sich doppelt und dreifach aus, alles, was unnötig unübersichtlich und stimulierend ist, von Ihrem Tagesplan zu streichen. All das erfordert Zeit, Aufmerksamkeit und Management. Denken Sie daran: Die Qualität, nicht die Quantität zählt.

Es gibt keinen Ort wie Om.
Machen Sie Ihr Zuhause zu einem Hort des Friedens.

Ergeben Sie sich dem, was ist

Wenn Sie diesen Moment nicht so sein lassen, wie er ist, wird Ihr Mind weiter unruhig sein. Jeder Widerstand gegen das Leben lässt den Mind zur Hochform auflaufen und rückt ihn ins Zentrum Ihrer Aufmerksamkeit. Sie müssen das Ruhigsein wichtiger werden lassen als das Rechthaben und Frieden wichtiger als Dinge, die nach Plan laufen. Wenn etwas Unerwartetes oder «Schlimmes» passiert, dann gehen Sie elegant damit um und ohne sich gegen die Realität zu wehren. Der Wunsch, es möge nicht geschehen sein, bindet Sie nur an eine Vergangenheit, die sich nicht ändern lässt, und es ermüdet Sie und verhindert Frieden und Wohlstand, wenn Sie dem Leben trotzig die Stirn bieten.

Widerstand = Stress + Anstrengung
Loslassen = Gelassenheit + Erfolg

Widerstand gegen die Realität verändert die Realität nicht; er stresst Sie nur und verursacht unnötiges Leiden. Warum sollten Sie das Leben ablehnen? Ist es nicht verlockender, sich dem zu fügen, was ist, die Dinge sein zu lassen, wie sie sind, und mit ruhigem Mind und mutigem Herzen jede Maßnahme zu ergreifen, die notwendig ist? Sie können sich gegen das wehren, was ist, oder Sie können zulassen, dass das Universum Ihnen gibt, was Sie brauchen, um zu immer größeren Ausmaßen von Frieden, Freude, Liebe und Freiheit zu erwachen. Es ist von jetzt an Ihre Entscheidung. Loslassen ist bei weitem die beste Strategie, wenn Gelassenheit und Erfolg das sind, was Sie sich wirklich wünschen. Zuzulassen, dass sich die Realität in all ihren herrlichen und unerwarteten Erscheinungsformen zeigen kann, macht so viel mehr Freude. Sie haben einen Platz in der ersten Reihe bei diesem phänomenalen Event, das Ihr Leben ist. Ergeben Sie sich dem, was ist, und ich garantiere Ihnen, dass Sie vom grenzenlosen Nutzen von Mind Calm profitieren und mit Ihrem eigenen erwachten Blick sehen werden, dass das Geheimnis des Erfolgs Stille ist.

Anhang

ÜBERBLICK ÜBER
DAS MIND-CALM-PROGRAMM

Für dieses Programm können Sie sich zehn Tage oder zehn Wochen Zeit lassen, ganz nach Belieben. Je länger Sie sich Zeit dafür lassen und je mehr Sie meditieren, desto besser werden die Ergebnisse sein.

Stufe 1: Verbundenheit
Morgendliche Mind-Calm-Sitzung
Om Verbundenheit (Fußsohlen): nur Calm-Gedanke.
(Empfohlene Dauer: 10–15 Minuten oder länger, wenn Sie die Zeit haben.)

Tagsüber Mind-Calm-Spiel
Wirklichkeitscheck: Richten Sie Ihre Aufmerksamkeit auf Ihre Sinne, um das Jetzt wahrzunehmen.

Tagsüber Frieden-mit-dem-Mind-Protokoll
Machen Sie Ihren Frieden mit jenen Seiten Ihres Körpers, die Sie nicht mögen.

Abendliche Mind-Calm-Sitzung
Gehen Sie alle zehn Calm-Gedanken durch.
(Empfohlene Dauer: 10 – 15 Minuten oder länger, wenn Sie die Zeit haben.)

Stufe 2: Kraft
Morgendliche Mind-Calm-Sitzung
Om Kraft (Steißbein): nur Calm-Gedanke.
(Empfohlene Dauer: 10 – 15 Minuten oder länger, wenn Sie die Zeit haben.)

Tagsüber Mind-Calm-Spiel
Jetzt den Raum wahrnehmen: Betrachten Sie den alles umfassenden stillen Raum.

Tagsüber Frieden-mit-dem-Mind-Protokoll
Machen Sie Ihren Frieden mit Ihrem Erfolgspotenzial.

Abendliche Mind-Calm-Sitzung
Gehen Sie alle zehn Calm-Gedanken durch.
(Empfohlene Dauer: 10 – 15 Minuten oder länger, wenn Sie die Zeit haben.)

Stufe 3: Freude
Morgendliche Mind-Calm-Sitzung
Om Freude (Nabel): nur Calm-Gedanke.
(Empfohlene Dauer: 10 – 15 Minuten oder länger, wenn Sie die Zeit haben.)

Tagsüber Mind-Calm-Spiel
Blick nach innen: Richten Sie Ihre Aufmerksamkeit nach innen auf Ihr Herz.

Tagsüber Frieden-mit-dem-Mind-Protokoll
Machen Sie Ihren Frieden mit Emotionen, die Sie als negativ einstufen.

Abendliche Mind-Calm-Sitzung
Gehen Sie alle zehn Calm-Gedanken durch.
(Empfohlene Dauer: 10 – 15 Minuten oder länger, wenn Sie die Zeit haben.)

Stufe 4: Frieden
Morgendliche Mind-Calm-Sitzung
Om Frieden (Solarplexus): nur Calm-Gedanke.
(Empfohlene Dauer: 10 – 15 Minuten oder länger, wenn Sie die Zeit haben.)

Tagsüber Mind-Calm-Spiel
Herzensblick: Blicken Sie von Ihrem Herzen aus auf das Leben.

Tagsüber Frieden-mit-dem-Mind-Protokoll
Machen Sie Ihren Frieden mit der Umgebung, in der Sie leben und arbeiten.

Abendliche Mind-Calm-Sitzung
Gehen Sie alle zehn Calm-Gedanken durch.
(Empfohlene Dauer: 10 – 15 Minuten oder länger, wenn Sie die Zeit haben.)

Stufe 5: Liebe
Morgendliche Mind-Calm-Sitzung
Om Liebe (Herzzentrum): nur Calm-Gedanke.
(Empfohlene Dauer: 10 – 15 Minuten oder länger, wenn Sie die Zeit haben.)

Tagsüber Mind-Calm-Spiel
Liebendes pinkfarbenes Licht: Heilen Sie den Teil von sich, der die anderen ist.

Tagsüber Frieden-mit-dem-Mind-Protokoll
Machen Sie Ihren Frieden mit Ihren Beziehungen.

Abendliche Mind-Calm-Sitzung
Gehen Sie alle zehn Calm-Gedanken durch.
(Empfohlene Dauer: 10–15 Minuten oder länger, wenn Sie die Zeit haben.)

Stufe 6: Wahrheit
Morgendliche Mind-Calm-Sitzung
Om Wahrheit (Kehle): nur Calm-Gedanke.
(Empfohlene Dauer: 10–15 Minuten oder länger, wenn Sie die Zeit haben.)

Tagsüber Mind-Calm-Spiel
Stille spricht: Werden Sie sich der Stille bewusst, die erst Geräusche ermöglicht.

Tagsüber Frieden-mit-dem-Mind-Protokoll
Machen Sie Ihren Frieden mit Ihrer Karriere.

Abendliche Mind-Calm-Sitzung
Gehen Sie alle zehn Calm-Gedanken durch.
(Empfohlene Dauer: 10–15 Minuten oder länger, wenn Sie die Zeit haben.)

Stufe 7: Klarheit
Morgendliche Mind-Calm-Sitzung
Om Klarheit (Mitte der Stirn): nur Calm-Gedanke.
(Empfohlene Dauer: 10 – 15 Minuten oder länger, wenn Sie die Zeit haben.)

Tagsüber Mind-Calm-Spiel
Erleuchtetes Auge: Schauen Sie in die Welt von der Mitte Ihres Schädels aus.

Tagsüber Frieden-mit-dem-Mind-Protokoll
Machen Sie Ihren Frieden mit jenen Seiten der Gesellschaft, mit denen Sie Schwierigkeiten haben.

Abendliche Mind-Calm-Sitzung
Gehen Sie alle zehn Calm-Gedanken durch.
(Empfohlene Dauer: 10 – 15 Minuten oder länger, wenn Sie die Zeit haben.)

Stufe 8: Weisheit
Morgendliche Mind-Calm-Sitzung
Om Weisheit (Scheitel): nur Calm-Gedanke.
(Empfohlene Dauer: 10 – 15 Minuten oder länger, wenn Sie die Zeit haben.)

Tagsüber Mind-Calm-Spiel
Das Nirwana schauen: Spielen Sie mit der Vorstellung, dass nichts falsch ist.

Tagsüber Frieden-mit-dem-Mind-Protokoll
Machen Sie Ihren Frieden mit der Zeit, auch mit der Vergangenheit und der Zukunft.

Abendliche Mind-Calm-Sitzung
Gehen Sie alle zehn Calm-Gedanken durch.
(Empfohlene Dauer: 10–15 Minuten oder länger, wenn Sie die Zeit haben.)

Stufe 9: Einssein
Morgendliche Mind-Calm-Sitzung
Om Einssein (Nah und Fern): nur Calm-Gedanke.
(Empfohlene Dauer: 10–15 Minuten oder länger, wenn Sie die Zeit haben.)

Tagsüber Mind-Calm-Spiel
Resonanz-Revolution: Ruhen Sie in der ruhigen Präsenz des Lebens.

Tagsüber Frieden-mit-dem-Mind-Protokoll
Machen Sie Ihren Frieden mit jenen Seiten Ihrer selbst, die Sie nicht mögen.

Abendliche Mind-Calm-Sitzung
Gehen Sie alle zehn Calm-Gedanken durch.
(Empfohlene Dauer: 10–15 Minuten oder länger, wenn Sie die Zeit haben.)

Stufe 10: Präsenz
Morgendliche Mind-Calm-Sitzung
Om Präsenz (im gesamten Körper): nur Calm-Gedanke.
(Empfohlene Dauer: 10–15 Minuten oder länger, wenn Sie die Zeit haben.)

Tagsüber Mind-Calm-Spiel
Weise Weitsicht: Schauen Sie mit dem unendlichen Auge auf das Leben.

Tagsüber Frieden-mit-dem-Mind-Protokoll
Machen Sie Ihren Frieden mit dem Leben im Allgemeinen.

Abendliche Mind-Calm-Sitzung
Gehen Sie alle zehn Calm-Gedanken durch.
(Empfohlene Dauer: 10–15 Minuten oder länger, wenn Sie die Zeit haben.)

DANKSAGUNG

«Sei still» ist die ebenso simple wie tiefschürfende Botschaft großer Weiser, spiritueller Meister und erleuchteter Lehrer aus zahllosen Traditionen. «Sei still» ist keine Empfehlung an Sie, alle möglichen Konzepte oder Vorstellungen von Stille kennenzulernen – es ist vielmehr die immerwährende Einladung, innere Stille unmittelbar zu erfahren und die Beziehung zwischen Stille und Ihrer eigenen inneren Schönheit und Großartigkeit zu entdecken. Allen, die diese universelle Botschaft weitertragen, erweise ich Ehre und danke ihnen. Ohne euren Mut, eure Klarheit und euer Engagement hätte ich vielleicht nicht die Freuden der Stille in meinem Leben kennengelernt.

Ich möchte auch dem Team von Hay House danken, das an mich und diese Botschaft geglaubt hat, darunter Carolyn Thorne, Michelle Pilley, Jo Burgess, Amy Kiberd, Julie Oughton und natürlich Reid Tracy und Louise Hay. Ein großes Dankeschön geht auch an meine vorzügliche Lektorin Sandy Draper für die Verbesserungen am Text, die sie vorgenommen hat. Ebenso auch an Robert Holden für sein phantastisches Geleitwort.

Ich habe das erste Konzept zu diesem Buch auf einer siebenwöchigen Reise mit meiner Freundin Laura durch Kalifornien geschrieben. Ich möchte dir, Laura, dafür danken, dass du da warst, als ich das erste Wort niederschrieb, bis zum Schluss, als ich die Endfassung des Manuskripts an Hay House sandte. Du bringst Freude in meine Reise, und ich fühle mich jeden einzelnen Tag gesegnet. Ein besonderer Dank geht an Sasha Allenby für deine Freundschaft und dafür, dass du mir so großzügig erlaubt hast, unser Reawakening Protocol in dieses Buch aufzunehmen. Ich möchte auch meiner Familie für ihre bedingungslose Liebe und ihren unaufhörlichen Zuspruch danken und meinen wunderbaren Freunden Bryce Redford, Calum Murray, Suzi Gibson, Sue Masters, Richard Abbot, Lee Johnson, Micci Gorrod, Andrew Pepper und Narain Ishaya dafür, dass sie eine fortwährende Quelle der Freude, der Liebe und Inspiration in meinem Leben sind. Ich danke auch der ganzen Familie von Mind Calm Coaches rund um den Globus dafür, dass sie diese Meditationsform voller Freude und Klarheit mit anderen teilen.

Zu guter Letzt bin ich meinem spirituellen Lehrer MKI unendlich dankbar dafür, dass er in diesem Leben mein Führer auf dem leuchtenden Pfad der Freude ist, dem Pfad der Stille.

Sei still.